JN019020

調教師になった
トップ・ジョッキー

2500勝騎手がたどりついた「競馬の真実」

蛯名正義
Ebina Masayoshi

小学館新書

はじめに

僕がジョッキーとしてデビューしたのは１９８７年（昭和62年）。この翌年、タマモクロスとオグリキャップの芦毛対決が話題となり、競馬学校で同期だった武豊騎手の活躍などもあって、「競馬ブーム」が始まりました。馬券の売上も右肩上がりだったようで、競馬場にはそれまでと違って老若男女問わず大勢の人が訪れるようになりました。とてもいい時代に、この世界に入ってくることができたと思っています。

それからの34年間、僕は騎手としてＪＲＡのレースに2万回以上騎乗、２５４１勝をあげ、リーディングジョッキーになることもできました。ダービーこそ勝てませんでしたが、牝馬三冠ほか春秋の天皇賞やジャパンカップ、有馬記念なども勝たせてもらうことができました。海外でも騎乗、とくに凱旋門賞には4回騎乗して2回2着になっています。

45歳の時にも年間１００勝をクリアしましたが、もっともっと長く馬と一緒に過ごしたいと思い、50歳を前にして一念発起、調教師になるための勉強を始めました。苦節3年の受験勉強の末、調教師資格を取得、2022年に「蛯名正義厩舎」を開業、今年で3年目になります。1頭1頭の馬と向き合う時間は、騎手時代にくらべてずっと長くなりましたが、日々一緒にいても、分からないことも多く、まだまだ試行錯誤の連続です。分かってきたのは馬づくりにこれといった正解はないということぐらいです。

コロナ禍で無観客という前代未聞の危機を乗り越え、競馬場に来られるお客さんも心なしか若返ったようで、女性同士や家族連れなども目立つようになりました。ホースマンとしてはとてもうれしいことです。

競馬の楽しみ方は人それぞれ、ギャンブルでありながら誰もが評論家にもなれるスポーツです。でも、どうせ楽しむのなら、1レースだけで勝った負けた、儲かった損したというのではなく、より一歩踏み込んでみてはいかがでしょうか。その馬がどんな血統で、どんな性格なのか。前走、前々走がどう活かされたのか。さらに、調教で何を心がけたかといったレースに臨むまでの過程や、ジョッキーや調教師、厩舎スタッフの思いに触れると、もっともっと面白くなると思います。

騎手として馬と接してきて感じたこと、馬の背で見た景色や発見したこと、失敗したこと、この世界で生きてきて知った驚き、喜び、悔しさなどは僕の中に財産として蓄積されています。これから定年になるまでの15年は長いようで短いと思いますが、そういった財産をすべてこれからの馬づくりという仕事に注ぐ覚悟です。

本書では僕がジョッキーだったから分かること、そして調教師になって初めて分かったことを思いのままにお話しし、競馬の奥深さとサラブレッドという動物の魅力をお伝えしたいと思っています。

とにかく、馬と一緒に過ごす日々は楽しいのです。

今、レースではもちろんですが、日々夜明け前から厩舎で1頭1頭と向き合っていると、やっぱりこの道に入ってよかったなあ、としみじみ思います。

目次

第1章

騎手《ジョッキー》という生き方

格差が大きいジョッキーの世界

現在の競馬ではクリストフ・ルメール騎手と川田将雅《ゆうが》騎手、この二人の活躍が目立っていますね。2023年も勝利数だけではなく、勝率、2着以内に入った連対率、3着以内の複勝率すべてで、リーディング3位以下のジョッキーを大きく引き離しています。馬主さんは二人のうちどちらかが乗ってくれるなら嬉しいでしょうし、彼らが乗るからということでオッズも下がります。

クリストフは見た感じや話し方は優しいけれど、負けたくないという気持ちはすごいものがあります。将雅には自分の型があるし、常に関係者やファンを納得させる競馬をしています。話していてもそつがありません。二人とも、レースでどんな状況になっても対応できる「引き出し」がたくさんあります。

その他でも毎年のようにリーディング上位に名を連ねたり、GⅠに騎乗していたりするジョッキーは、みな秀でたものを持っていて、調教師となった僕からしてもとても頼もしい存在です。

でも彼らは、スーパールーキーとしてこの世界に入ってきたわけではありません。たとえばプロ野球の世界では、アマチュア時代からホームランを量産したスラッガーや、スピードボールでバッタバッタと三振をとってきたピッチャーがドラフト会議で上位に指名されるように、同じ新人といっても、それまでの活躍度や素質が違うし、与えられた背番号などで期待度の違いも分かります。

ところが、ジョッキーは新人としてデビューする時、センスやキャラクターの違いはあるけれど、技量的にはほぼ横一線と見られています。騎手や調教師の子供であるといった話題性などによる注目度の違いはあるかもしれませんが、みな競馬学校の3年間で同じように鍛えられていて、実力に差があるという見方はありません。

誰も本当の「競馬」を経験していないのだから、それも当然のことです。成績優秀な生徒は表彰されるけれど、それは馬を速く走らせることができるということではありません。

しかもデビュー直後は、師匠である調教師が自厩舎の乗りやすい馬を用意してくれたり、減量という特典もあるので他の先生に頼み込んで乗せてくれたりして、多少の違いはあるものの昔にくらべればスムーズにこの世界に入れるようになりました。初勝利はもちろん、特別レースや重賞を勝ったりすれば、「大物ルーキー」などと持ち上げられることもあります。

しかし、デビューして5年もたつと、勝ち星を量産しているジョッキーと、たまにしか騎乗馬がないジョッキーの差が歴然としてきます。なかには、何かを掴んだのか遅咲きのジョッキーもいますが（僕もそうだったかもしれません）、さらに年を重ねると、その差はどうしようもないぐらいに開いてきます。けっして、もともとの素質や能力が違っていて、それが顕著になったということではありません。

では、なぜそれだけの差がついてしまうのでしょうか？

勝てばすぐ次の依頼が来る

騎乗依頼する側は、馬主さんはもちろん、調教師でも、当然のようにいい馬ほど勝てるジョッキーに乗ってもらいたい。ジョッキーのタイプによって、この馬は合いそうだということもあるかもしれませんが、それよりも「勝ち方」を知っているジョッキーに依頼したいものです。そうして騎乗数が増えれば、ジョッキーはレースの中で新たな経験を積み重ねて、自分の技術を磨いていきます。技術を伸ばすには、とにかくレース経験を積むことしかないんです。

極端な言い方をすれば、1つチャンスをモノにしたジョッキーにはすぐに何件も次の騎乗依頼が来ます。そして、うまく期待に応えられれば、また何件もの騎乗依頼が来る。

一方、せっかくもらったチャンスだったのに、うまく乗れなかった騎手には、新たな騎乗依頼は来ません。それどころか、これまで乗っていた馬からも、降ろされてしまうことがある。1回の騎乗を活《い》かせるかどうかで、一気に何倍もの差がついてしまい、その差はどんどん開いてしまうというわけです。

チャンスが平等にあるとは言わないけれど、いかにモノにして信頼を得ていくか。そのためには騎乗依頼が来てから準備をするのではなく、常日頃から準備をしていないとダメなのです。

人はみな勝った方に流れていくわけで、勝った方はプラス1ではなく、プラス5にもプラス10にもなる。そうして相乗効果でどんどん騎乗数も勝利数も増えていくけれど、勝てなかった方はどんどん悪循環に陥っていく。

たった1回のミスでどん底に落とされてしまうことはないでしょうが、2回3回とチャンスをモノにできないでいると評価が固定されてしまう。

そして一度ついた評価を変えるのはなかなか大変なことです。

「あのジョッキー、騎乗数が少ないけれど実はうまい」という噂があっても、結果が出ていないとなかなか広まらない。それに対して「一歩仕掛けが遅い」とか「ちょっと勝負弱い」というような悪い評価は、すぐに広がるんです。

これは、けっしてジョッキーの世界だけの話ではないでしょう。他のスポーツでもそうだし、サラリーマンの世界でも同じではないでしょうか。いい評価は広まらないけれど、悪い評価はすぐに広まるし、一度下された評価はなかなか覆せない。そんなことで苦汁をなめた読者の方も多いかもしれません。

そして、もちろん僕ら調教師も例外ではありません。

たとえばセレクトセールで3億円の馬を買った馬主さんは、誰に乗ってもらうかという前にどこの厩舎に預けようかと考えますよね。その時、以前蛯名正義厩舎にいい馬を預けたのに、一つも勝たせられなかったなあと思って、より勝ち星をあげている厩舎に預けることがあるかもしれません。
結果がすべての世界です。

いいジョッキーになるために必要なこと

いいジョッキーになるため、あるいはリーディング上位にい続けるためにこれだけは必要だ、という運動能力なんていうのはとくにないと思います。

もっとも大事なのは「絶対に負けたくない！」という強い気持ち。これがないと絶対に一流ジョッキーにはなれないのかなと思います。そして常に高い目標を持つこと。ジョッキーベイビーズ（＊1）で優勝した川田将雅騎手の息子さんみたいに、小学校6年生で「目標は世界のトップジョッキーです」と言うぐらいじゃないとダメ（笑）。思わなければ、けっして実現しません。

競馬だけではなく、あらゆることで勝つことに貪欲であること。たとえば僕は道を歩いていて後ろから来た人に抜かれると、抜き返そうと速足になってしまうという性格でした。

その表われ方は人それぞれ違うのでしょうが、とにかく気の持ち方が勝負ごとに向いているかということだと思います。いつでも闘志満々の雰囲気を出している人もいれば、そういう意識をいつも内に秘めていて、何かの時に表に出てくることもあると思います。いずれにしろ努力して得られるものではなく、持って生まれた資質ではないかと思うんです。ちょっと鼻っ柱を折られたくらいで「俺はもうダメだ」と思うのではなく、やり返してやるぞと思えるかどうかということかもしれません。

競馬学校入学の際にそういった性格が問われることはありません。「勝ちたい」という気持ちが強ければ、きついトレーニングに耐えることもできるし、勝つためにどうすればいいかと考えることもできます。

まだジョッキーになろうなんて考えてもいない小学校に入ったばかりの頃の話です。僕は足の病気で長期間入院していたのですが、ある日そこに巨人軍の王貞治選手が慰問にいらしたことがありました。で、50人ぐらいの子供たちでじゃんけんをして僕が勝ち抜き、王さんに抱っこしてもらったんです。生来の負けず嫌いだったのかどうかは断言できませんが、勝ってやるぞという純粋な気持ちは当時から強かったのだと思います。

小学校や中学校の時、運動に関することで一番だったものは一つもありません。野球をやっていましたけど、体が小さかったのでパワーが足りず、プロ野球の選手になりたいなんていう夢は持てなかった。運動会の徒競走でも「負けたくない」という気持ちはありましたが、やはり足の速い子にはかないませんでした。もちろん腕力やジャンプ力があるということが邪魔になることはないけれど、必須条件ではない。いまは科学的なトレーニング方法が開発されていて鍛えることができます。

あえて言うなら「ハマリがいい」というのでしょうか。たとえば野球でバットを構えれば、なんとなく打てそうな雰囲気がある。ゴルフをやれば、誰に教えてもらったわけでもないのにスイングがサマになっている。いわゆる「筋がいい」ということでしょうか。運動神経がいいというのとは違うと思いますが、未経験のことに対応できるということは必要なのではないでしょうか。ただどれも絶対ではないですね。

そういう意味では、僕もある程度どんなスポーツでもこなせる子供ではありました。野球以外のスポーツをやっても恰好がついたし、走るのは長い距離も短い距離もけっして遅い方ではなかった。

ただし水泳だけはダメ、溺れて死ぬかと思ったことがありましたから。だから泳げなくてもジョッキーにはなれます（笑）。

＊1　ジョッキーベイビーズ　2023年で13回目となるJRA主催の子供たちによるポニー競馬競走。全国各地で行なわれる地区代表決定戦などを経て、東京競馬場の芝コースで行なわれる日本一決定戦に挑む。

思い通りに乗れるのは年に何回もない

騎乗依頼があって枠順が決まると、スタートはこうして、向こう正面でこうしてとシミュレーションします。これまでのレースのVTRなどを見て、パドックで馬に跨《またが》る時にどんな感じか、地下馬道ではどうか、馬場に入った時、返し馬と馬の様子をじっくり観察します。初めて乗る馬ならば、以前騎乗していたジョッキーに癖などを訊いたりすることもあります。レース当日もパドックで調教師やスタッフから状態などを聞き、本馬場に向かう途中や返し馬の時にもう一度、シミュレーションをします。

それだけやっても、自分の思う通りにうまく乗ることができて勝ったなんていうのは年に何回もない。下手に乗って勝った方が多いぐらいです。僕だってミスは数えきれないほどありました。

勝利インタビューなどでよく「僕は跨っていただけです」と言っていることがありますが、あれは謙遜でも何でもない、本当のことです。レース中、何度もミスをしたけれど、馬が走りながらリカバリーして勝ってくれたこともよくありました。強い馬に乗る時、騎手は馬の動きを邪魔しないようにすればいいんだと思います。

いまは成績がよくなくても、もっと勝てるのになあって感じるジョッキーは大勢います。技術云々だけでなく、きっかけ一つです。それは誰かが教えるのではなく、自分で気づかないと一歩先へ進めない。逆に一つ殻を破れば、リーディング上位に入っていくこともあるのです。

手の合う馬に巡り合えるかどうか、そのチャンスを活かすか活かさないかということにつきます。なかなか結果の出ないジョッキーも急に伸びることがありますので、そこを見てあげてほしいですね。

なにしろ、ジョッキーは一つでも順位が上がればそれだけお金が入ってくる仕事なので、そのために最大限の努力をする。人気のない馬でも騎乗依頼があったら、今後の信頼を得るためにも、一つでも順位を上げようとあれこれ考えます。同じクラスならばチャンスはあるはずだと信じています。

ただし、そのレースさえよければいいというものでもない。馬にも長い競走人生がある。たとえば最後の直線で馬に余力がなくなってきた時、それこそバタバタになっているのに鞭を入れて追ったりすると、馬に心身のダメージが残ることがある。ここでは無理しない方が、次はいい体調でレースに使えるのではないかと考えることも必要です。

レースでの失敗が財産となる

もちろん「勝ちたい」という気持ちだけでは足りません。車を運転するのはいかに機械を上手に動かすかということになりますが、競馬は馬と一緒に闘わなくちゃいけないスポーツ。レースになると唯一の味方は馬しかいない。

ところが馬には「いやだ」という感情がある。それでも気持ちを通じ合わせて勝負しなくちゃいけないわけで、ケンカしていちゃ当然勝てません。

感情のコントロールも大切です。

馬を奮い立たせるために、人間も負けん気が必要かもしれないけれど、あんまり燃えすぎてもいけない。馬がカッカしている時は冷静になって落ち着かせなくちゃいけない。考えた通りにならなかった時に泡食ってバタバタしていたら、当然結果もダメ。いろいろなことを想定して、その状況の中でどう対応するかというところでしょうか。

ジョッキーに競馬関係者の子弟が多いのは、早いうちから馬に慣れ親しんでいるからではないでしょうか。馬という動物の性質を聞かされ、実際に触れたりしてその「心」を理解しているのは大きいと思います。僕はそういった環境ではありませんでしたが、なにしろ競馬オタクだったので、馬に関する話はいろいろ耳に入っていましたし、中学生の頃から乗馬クラブに通って馬とコミュニケーションをとっていました。

デビュー5年目で初めて重賞を勝ち、6年目は重賞騎乗数も増えたけれど勝ったのは2つだけ。翌年も重賞は1勝、その翌年も3勝止まり。それでも勝ち星は80を超えてきて、自分なりに手ごたえはありました。はやる気持ちはありましたが、これまでの経験上、自分はいきなりブレイクすると不安になるタイプだということも分かっていました。

27歳で初めてGⅠを勝ち、29歳の年に関東リーディングジョッキーになりました。この年はジャパンカップを勝つなど重賞を14勝。なかなか勝てなくてちょっと焦っていた時期もあったけれど、何回失敗しても乗せ続けてもらった。その中で積み重ねてきたものがあり、多くの人が応援してくれたから得られた財産だと思うことができました。

1番人気馬に乗るのは大変なことだけど、それを普通に勝たせることができるようにもなった。いろいろな経験をさせてもらった中で、よけいなプレッシャーを感じなくなった自分を実感したのです。

でもそういう立場になると、今度は見える「景色」が全然違いました。今まで褒められたことが褒めてもらえない。人気馬の騎乗を依頼される時は、勝って当たり前だと思われる。

追われる立場になったと感じた時、心の底から「ああ、武豊ってすごいな」と思いました。3年目でトップに立って、ずっとこんな「景色」を見ながら、こともなげにやりこなしてきたし、マスコミ対応なども、求められるコメントをユーモアを交えてスッと出したりしている。

それまで彼がＧＩを勝ちまくっている時は、僕も頑張らなくちゃ、少しでもついていかなくちゃという気持ちだったけれど、自分がトップに立ってみて、尊敬の念が湧いてきました。競馬学校の同期で素の彼のこともよく知っているので、余計にそう感じました。

僕はジョッキー時代から、自分がちょっと空回りしてしまうタイプだと感じていました。勝ちたい気持ちが強いあまり、いつも頑張りすぎてしまうところがあった。油断するとダメになってしまうんじゃないかと、どこかで思っていたのかもしれません。そういうタイプは現役にも何人かいます。そんなかつての蛯名正義のようなジョッキーがいたら、調教師としてはその気持ちの強さを褒めつつ、「あまり力を入れすぎるな」と声をかけてやりたいと思います。

調教師からの相談はジョッキーの「やる気」を引き出す

エアジハードの騎乗依頼を初めて受けたのは4歳の春。伊藤正徳先生から、安田記念に出たいのだけど、その時点でちょっと賞金が足りないので前哨戦といわれる京王杯スプリングカップで何とか加算できないかということでした。それまで騎乗していたジョッキーに癖を聞いたり、VTRを見たりしていろいろ考えた末に先行策をとりました。最後はグラスワンダーに差されましたが、2着で賞金も加算できたし、能力も確認できた。

だから安田記念ではもうちょっと勝負できる組み立てを考えました。外からグラスワンダーを見るような位置につけ、直線でも追いかける形になって馬体を合わせに行って叩き合いを制することができた。こちらが考えていたことに彼が応えてくれた感じです。

秋は少し調整が遅れて天皇賞（秋）が3着。でも負けて強しという競馬だったので、次のマイルチャンピオンシップは自信満々。3コーナーを回った時に勝ったと思いました。

トロットスターは3歳時に勝ったり負けたりを繰り返していて、ジョッキーの乗り替わりも多かったようです。でも、4歳の秋頃からよくなってきて、そんな時にたまたま僕に騎乗依頼が来た。暮れのCBC賞では、僕が以前乗ってその強さを知っていたブラックホークやマイネルラヴを相手に勝ったので、中野栄治先生に「（翌年3月末の）高松宮記念に行きましょう！　勝ちますよ」って言い切りました（笑）。

先生も、それだけ言うなら狙っていこうということで、本番から逆算してまずシルクロードステークスを使って、高松宮記念を勝ちました。秋のスプリンターズステークスもちょっと重かった（プラス24キロ）のに勝つことができた。

この2頭はいずれも、途中から乗せてもらうようになりました。短距離馬は持って生まれたスピードをどう活かすかが大事。僕が乗ったから勝ったということではなく、どんどんよくなっていくいい時期に乗せてもらったということだったのです。2頭ともJRA賞最優秀短距離馬に選出されました。

新たに騎乗依頼をいただいた時、「それまで乗っていたジョッキーに話を聞く」という発言をします。これはおもにその馬の「癖」を教えてもらうため。乗り味とか個性はジョッキーによって感じ方が違うし、乗った人がどう判断するかです。僕が訊かれた時も、あまり多くのことは言いませんでした。自分の感覚を押しつけるのもよくない。

ジョッキーを替えるというのは、調教師としての重要なミッションだと思いますが、そのことであまりプレッシャーをかけたくはないですね。いかに、そのジョッキーが気持ちよく、やる気になってもらうようにするかが大事なんじゃないかと思います。

中野先生はジョッキーとしてダービーも勝っていましたが、乗り方であれこれ注文するようなことはなかった。だからこそ、僕は責任を感じて、やってやろうという気になったのです。

逆に自分の意見が受け入れられない時もありました。デビュー戦からずっと乗って、重賞を勝ってダービーでもいいところまでいった馬がいたけれど、僕自身は長いところの馬ではないと思っていた。それを調教師に言ったらクビになりました（笑）。別に悪口を言ったわけではないんですよ。一気に加速していく馬だったので、東京コースも合わないし、能力をもっと活かすには、短いところの方がいいのではないかと言っただけ。その後のレースを見れば、僕が間違っていなかったことは分かるはずなんですけど。

クビになったことをどうこう言っているのではないのです。乗り替わりはオーナーの意向もあるのでしょうがないとは思いますが、僕はジョッキーが言うことには耳を傾けようと思います。まあ、僕みたいにつっけんどんじゃなくて、もっと上手に言ってほしいですけど（笑）。

「気持ち」が馬に通じる時がある

「気持ちが大切」とばかり言っていると、精神論みたいな印象があるかもしれないけれど、そういうことだけでもないのです。

勝負事にはやはり「流れ」がある。1日に複数の騎乗依頼があるジョッキーは「流れ」を気にします。同じ日に同じコースで乗ることになれば、前のレースは外が伸びてやられたから、今度はそれを意識しようと思う。

ところが、悪いことっていうのはホントに続くのです。バタバタするとさらにおかしくなる。ダメな時は丹念に考えてシミュレーションして、レースで思った通りに前が空いたと思っても、その瞬間にサーッと別の馬に入ってこられたりする。前半スムーズに走っていても、なんだか「嫌な予感」がしてそれが当たったりする。前の馬が斜行して前をカットされたり、馬が突然走る気をなくしたり……。100勝以上した年でも、2週間まったく勝てないなんていうこともありました。

勝てない時は「リズムが悪いな」と感じます。波が来るのを待つというか、引き寄せるというか、じっと我慢します。手ごたえがだんだんあやしくなってきて、あ、ここまでだなと感じたら焦って追ったりしないで、一つでも順位を上げるために内側に回ろうなどと考えます。負けてもタダじゃ転ばない、何か摑んで戻らないと。でも抜け出すのはなかなか難しいです。

逆にうまくいく時は何も考えていなくても、ここぞという時にコースが空く。前半何度もミスして後方に置かれてしまっても、結果的に脚がタメられて、最後の直線でスッと大外に出せて末脚が生きたりすることがある。

ジョッキーのバイオリズムを参考にしている予想があるけれど、あながち見当ハズレでもない。勝負はツイてるやつに乗れということではないでしょうか。午前中2つも勝つようなジョッキーがいたら、徹底的に乗るのも手です。そういうジョッキーはいわゆるゾーンに入っていて、1日に5勝も6勝もしたりすることがあるんですよ。

走るのは馬だけどジョッキーの気持ちが通じたのではないかと思うこともあります。人気馬に乗って負けると特に悔しいけれど、僕は次のレースで取り返そうと考えました。そのためには前の負けを引きずらないこと。全部よかれと思って乗るけれど、失敗する時もあるんだからしょうがない。すべて思う通りに乗れても勝てない時の方がずっと多いのだから、ならば切り替えることですね。

2014年のダービーでは1番人気のイスラボニータに騎乗しながら、最後の叩き合いで横山典弘さんのワンアンドオンリーに競り負けました。ダービーにもっとも近づいた時で、とても悔しかったけれど、最終レース目黒記念では8番人気のマイネルメダリストで勝利。挽回したとは言えないけれど、負けを引きずっていなかったことを確認できました。人気を背負いながら勝てなかったジョッキーが次のレースに騎乗する時は内心期するものがあるはず。それが馬券に直結するかどうかは保証できませんが（笑）、覚えておくといいかもしれません。

負けたこともさらっと忘れて、次に向けて切り替えるジョッキーもいますし、それで勝ち星を量産していることもあります。僕は負けた自分に腹を立てて、このままじゃ帰れないというタイプでした。そのジョッキーがどんなタイプかを観察してみるのもいいかもしれませんよ。

レース中に何を考えているか

いきなり小見出しと相反するようで申し訳ないけれど、いい勝ち方をする時は何も考えていない（笑）、考える前に体が動いています。レース中、他の馬の位置取りなど視覚から入ってくる情報に、考えることなくスムーズに対応できる時の方がきれいに勝てていました。

一方、レース中には「動くに動けない」という状況があります。見ているファンからすれば、馬券を買っている馬が後方にいて、なかなか順位を上げていかないとジリジリすることがあるでしょう。「そんな後ろじゃダメだろ」「もっと早めに上がっていかないと！」と怒りたくなるのではないでしょうか。「いったい何を考えているんだ⁉」とか（笑）。

動けるものならとっくに動いているはずです。でも先に動いてしまうと、同じような位置にいた他の馬から目標にされてしまう。レースを見ていると分かると思いますが、同じような力ならば後ろから追いかけていく馬の方が、目標があるので有利なのです。「長くいい脚を使える」タイプなら行ききれるかもしれないけれど、早く動いたために止まってしまうこともよくある。一度ギアを上げていったん止めてしまうと、再度ギアチェンジをするのは難しい。もちろん「一瞬の脚で勝負する」タイプなら、我慢して我慢して、ここぞという時にゴーサインを出すようにしなければ勝てません。

スタートよく出て、後ろの馬が動きにくいペースをつくれるのが、逃げ馬や先行馬の強みですが、同じような馬ばかりが揃って競り合えば共倒れになるから、どっちがいいかというのは難しい。ただ、今の競馬場はある程度前に行けるスピードがないとダメというのが前提になってはいます。それでも急に雨が降ったりするとガラッと変わります。

いずれにせよ、勝てそうもないから、ただ参加するだけなんていうジョッキーはいません。たとえハナ差やアタマ差でも、2着だと1着賞金の40％、3着だと25％、4着だと15％しかもらえないうえに、馬券圏外になればファンも裏切ってしまうことになる。負けていちばん悔しいのはジョッキーなのです。

なお、騎乗停止になるような斜行は、馬が動くのを止められなかったという印象があるけれど、半分ぐらいは「やっちまった！」という感じです。やっぱり自分で出て行こう、勝とうと思って動いてしまった時ですよね。もちろん馬が自分で動いた時もあるけれど、鞍上がちょっと焦ったなというところ。相手としてマークしている馬の脚色がよくて、早く追っかけなきゃと思った時にこうなることが多い。後ろにいた馬が見えなくて、えいって行っちゃったら、その馬の進路だったってことです。騎手としては自分の馬券を買ってくれているファンのために頑張ろうと、少し気が逸ったといったところ。腕が未熟とか、ラフプレーとかいうだけではないのです。

馬の脚質を把握し、ジョッキーがレース中に考えるであろうことを予想のファクターに加えれば、もしかしたら的中率が上がるかもしれませんよ。

時には自分を奮い立たせることも必要

ジョッキー時代、その年最初の中央競馬が開催される日に勝てば「今年は今までとは違うぞ！」という気分になりました。単なる1勝ではなく、このままコンスタントに毎週勝っていくんだと、言い聞かせるようでもありました。

いいスタートを切りたいのは誰もが考えること。初日に勝てば一瞬でもリーディングジョッキーであり、調教師はリーディングトレーナー、馬主さんはリーディングオーナーです。僕は特にノリやすいタイプだったのか（笑）、初日に勝つと1年通して好調だったような気がします。

1年最初の競馬の日に初めて勝ったのは1992年、ブロードマインドで準オープンの特別競走でした。自厩舎の馬だったし、7番人気だったので、やったぞ！　と。その勢いかどうか、2月には初めて重賞を勝ったし、最終的に前年の倍以上、54勝をあげることができました。

96年は初日の1レースと10レースに勝って早々と2勝。秋には初めてのＧＩを勝つことができた。初めて年間１００勝を突破（１３６勝）した98年も初日に2勝しています。

１００勝以上した年の多くは、初日に勝っているのではないでしょうか。

ところが、メインの重賞、金杯はなかなか勝つことができませんでした。初めて騎乗したのが自厩舎のダイナフランカーでまだ20歳の時、ブービー人気だったけれど8着に頑張ってくれた。ところがその後、ステージチャンプやホッカイルソーなど人気馬に騎乗させてもらいながら2着が3回もあるなど勝ち切れない。京都金杯を含め、ほぼ毎年のように乗せてもらっていたので、もどかしい思いがありました。1年の最初の日のメインレースで「金」がついていてめでたい感じがあるのに、いつも脇役でしかないというのは面白くない。ずっと勝ちたいと願っていたレースでした。

そもそもつい1週間ほど前は１００勝以上していたのに、新年になったらゼロからのスタート。しょうがないこととはいえ、1年間頑張って積み上げてきたのに、年が替わってゼロになると、すごく不安な気持ちになってくる。さらに2週目3週目になっても勝てないと「今年はヤバいんじゃないか」って思ってしまうものです。早く2つ勝って「両目を開きたい」と願っていました。

初めて金杯を勝ったのは2012年のフェデラリスト。僕にとって実に金杯17回目の挑戦でした。この日は午前中に2勝して気分も盛り上がっていましたし、ダンスパートナーの子で前走の準オープンがいい勝ち方だったし、引き続き調子もよさそうだったので勝てると思っていました。前年は100勝に届かなかったのですが、この年は123勝をあげることができました。ちなみに管理されていた田中剛先生も、この年初の平地GIを勝たれています。

この実感は調教師になっても同じです。もちろん初日に勝つためだけに調整しているわけではないし、ジョッキーの騎乗数にくらべれば出走させられる頭数はずっと少ないし、管理馬の数もまだ少ないから難しい。

それでも早い時期に2つ勝って「両目が開け」ば、やっと前を向けるでしょうか。あまり験をかつぐ方ではないけれど、「今年はいいぞ」と思えるような気がします。

ジョッキーだった強みが活きる厩舎に

調教には時々乗っています。でもケガをして調教師不在となると周りに迷惑をかけるので、おとなしそうな馬だけを選んでいます（笑）。

自分で乗って、スタッフにも乗ってもらって、そのうえで意見をすり合わせていくのがいい。自分で仕上げるというのではなく、クセを掴むことで、その馬にとっていい調教方法が見えてくることがありますから。

どんな馬なのかなという純粋な興味もある。ジョッキーの時は多くの馬に乗ることができましたが、調教師は管理している馬だけしか関わることができません。その分、1頭の馬と接する時間は、ジョッキーの時よりずっと長くなる。

ジョッキーとしての感覚が生きることはけっこうあると思うんです。内にもたれたり、物見したり、極端にいえばカーブをうまく曲がれない馬もいるけれど、そういう馬もレースでコントロールしてきた。

どういうタイプの馬なのかという情報をジョッキーに的確に伝えたいですね。話しているうちに、（絶対的なものとは言えないけれど）感じたことを分かってくれているような時もあります。僕が騎手出身の先生の馬に乗る時もそうでした。ちょっとした言い方で「ああ、そういうことか」と、お互い騎手だから分かるようなポイントをついてこられます。乗る方ももっと踏み込んだことを訊くことができる。ジョッキーだったことの強みは活かしていきたいですね。

さらに自分の厩舎の馬のクセを把握して、誰が乗ってもジョッキーが思ったような競馬ができるようになればいい。ジョッキーの腕に頼り過ぎない馬をつくるのが蛯名厩舎の価値になっていけばいいのかなと思います。

ジョッキーの時は、感覚としてうまく乗れたなとか、ちょっと失敗したなというのは分かります。距離は長いけれどハナ（＊2）をきってよかったなとか、後ろからじっくり行って正解だったなとか。ところが調教に関しては、どういう調教をどれだけやったからこういう結果になったというのが、なかなか分かりづらい。これに関しては実際に自分で指示を出して、その結果を見るまでは分からないんです。いや、1回の競馬だけでは分からないこともあるし、いろいろやっても変わってこない馬もいる。そういう経験を積み重ねていくしかないんです。

新人調教師とはいえ、よくも悪くもレッテルを張られてしまうのはあっという間でしょう。パドックで見て、ああいい馬だと感じてもらえないといけない。それで結果が出れば最高ですが、勝ち負けよりも自分が目指しているものへの意志が馬に表われていることが大事なんじゃないかと思っています。

＊2　ハナをきる　レース上での先頭に立って逃げること。漢字では「端をきる」と書く。

負けた時の乗り役とのコミュニケーション

ジョッキーが誰かということを予想の重要なファクターと考えている方は多いことでしょう。

調教師としてはまだまだ若輩者ですが、ジョッキーとして内外で2万1483回のレースを経験したことは僕の財産です。1頭1頭全身全霊をかけて乗って来た僕に言わせてもらえるなら、「うまく乗れた」なんていうのはきわめてレアケース。相手が生き物だけに、ほとんどが思い通りにいかないものです。

ジョッキーを誰にするかというのを決めるのは、調教師の「特権」ですが、大きな牧場の生産馬や、大馬主さんの有力馬は、エージェントを介してジョッキーが決まっていることがあります。リーディング上位のジョッキーを確保してくれているのは、ある意味では助かります。昔はしがらみとかあったのだろうけど、いまはビジネスライクになっていますね。特に世界各地の有力ジョッキーが短期免許で来日すると、どんな乗り方をするのかを見るのが楽しみでもあります。

それでもこの馬にはこのジョッキーを乗せたい、と思うことはある。クセの強い馬などは調教で乗ってもらってその個性を掴んで、レースになった時に馬が前向きに走るモードになるようしつけていかなくてはいけない場合がありますからね。

レースにしてもただ勝つため、負けないようにというだけではなく、学校へ行って何かを覚えて帰って来るように、教えてあげるということもしてほしい。新馬ならば、こういうふうにパドックを回って、地下馬道を通ってコースへ行って、レースをして帰ってくるんだよということで、馬と信頼関係を築いてもらいたいですね。

特に若いジョッキーは調教からその馬のクセを把握することで、分かってくることがあるはずです。こういうところに気を使ってあげなくちゃいけないんだなと分かっていれば対処することもできる。経験の少ない騎手は、いきなり競馬に乗っただけでは分からないと思うのです。

レースが終わったばかりの時、ジョッキーは興奮してよくしゃべります。勝てなかった時はあれこれ言い訳するかもしれません。こちらは冷静に見ているので敗因は分かっているのですが、言い返すことはしません。怒っても結果は変わらないので、次につなげるためにどうしたらいいか話し合います。若いジョッキーが技術を研いて経験を積んでくれれば、調教師としても選択肢が広がってくるというものです。

先日、現役時代とてもお世話になった調教師の方とお話しする機会があり、「ジョッキー時代に僕が乗って負けた時、先生は咎めることはおっしゃいませんでした。実際は言いたいことがたくさんあったのでしょうね」とうかがったら、大笑いしながら「君もやっと分かるようになったか」と言われました（笑）。僕も先生方にそんな思いをさせていたと思えば、レース後のジョッキーとも冷静に対話することができます。

ジョッキーの持ち味と「伸びしろ」

ジョッキー時代の2541勝の中には、それまでなかなか勝てなかったけれど、僕が乗ったことでピンとくることがあったり、その馬の特長を感じとったりして乗り方を考え、結果につなげられたこともあったはず。そういう感性は調教師としても活かしたいところです。

ただ、これを言葉でいうのがなかなか難しい。あくまで感覚的なこと。こういう馬だと思って乗ってみたらちょっと違った、それだったらこうしたら……というようなものなのです。1頭1頭違いますし、調教師としてはジョッキーにあまり先入観を与えないように、癖とか気になる部分だけを伝えるようにします。

リーディング上位のジョッキーは総合力が高いので、どの馬に乗ってもある程度の結果を出せる確率が高い。出遅れた時や掛かってしまった時など冷静に対応しているのを見ると、「お〜、さすがだなあ」と思います。引き出しが多いから、どんな馬でも乗りこなせるのです。

逆に「私はこういう馬しか結果を出せません」という自分の型にはめたいタイプの騎手は、不器用な感じはしますが、実はそれも一つの武器。そのジョッキーが持っている型にはめた方がいい馬ならば依頼してみたいですよね。現役時代からいろいろなジョッキーの乗り方を見ているので、こういう癖のある馬にはあのジョッキーが合うんじゃないかというのは把握しているつもりです。

とはいえ、馬主さんは空いているならリーディング上位ジョッキーに乗ってもらいたいと思うでしょう。それを「いや、この馬はこういう馬だから、このジョッキーが合うんです」と自分の意見を言って信頼してもらえるよう、今は僕自身が結果を出していかなければなりません。

若い騎手にも積極的に乗ってもらいたいと思っています。若手の騎手は、夏に北海道で騎乗して、関西の調教師に存在を知ってもらい、いろいろな馬に乗せてもらうことで、急に成長する子もいますよね。

僕の厩舎で新人騎手を預かればいいのではと思われるでしょうが、僕自身はまだまだ管理馬のことで手一杯です。何か訊かれればできるだけ答えるようにしますが、やはりジョッキーは馬に教わることが大きいのです。先生という意味では馬にはかないません。

僕はおかげさまでいい馬の背中をたくさん経験させてもらいましたし、それぞれの厩舎の考え方もしっかり感じとってきました。それらも、僕がそれまでのレースで結果を残すことができたからです。

GⅠを勝った馬はもちろんですが、すべてが僕の財産です。ステイゴールド、グラスワンダー、スクリーンヒーローやデビュー2戦目のロードカナロア、トーセンラーではクラシックすべてに乗せてもらいました。いい馬の背中を知っているというのは、それだけで財産だし、ジョッキーには何が大切なのかを教えてくれました。

第2章

僕のジョッキー人生

いただければ幸いです。

“競馬場デビュー”はあっと驚くあの馬と

ここからはしばらく僕の昔話にお付き合いください。ご一緒に名馬の走りを思い出していただければ幸いです。

僕は札幌で生まれ育ちましたが、「蛯名」というのは青森に多い名前です。ヒカルメイジなどでダービーを2回勝ち、1940年から50年頃に活躍した蛯名武五郎という名騎手も青森の出身でしたが、血縁はありません。ただ、ジョッキーになりたかったという祖父は、若い頃、武五郎さんと「一緒に馬に乗っていた」と言ってました。先輩調教師の蛯名利弘先生とは血縁関係はありませんが、「白い逃亡者」と言われたホワイトフォンテンで毎日王冠を勝った蛯名信広騎手（その後調教師）は、祖父の甥にあたります。

でも僕が生まれ育った蛯名家は、競馬一家ということではありませんでした。父が競馬好きで馬券を買っていたぐらい。僕もその影響からか、テレビの中継などはよく見ていて、しだいに魅かれるようになりました。将来はカッコいいジョッキーになりたいと思うようになり、中学校に入ってからは乗馬クラブにも通いました。中学校に競馬雑誌を持っていくような、いわゆる競馬オタクの子供でしたね。そのきっかけはグリーングラスでした。

競馬学校の同期は9人ですが、調教師になったのは僕が最初で、おそらく最後です。武豊騎手とはずっとよく会っていたし、3人は調教助手になって競馬サークルに残っています。この世界から離れてしまった人が、どこで何をやっているかはよく分からないけれど、当時はみな仲が良かった。3年間一緒に生活をしたわけですから。

卒業後は僕を含めた5人が関東、武豊騎手など4人が関西の所属に。僕は茨城県の美浦トレーニング・センター（トレセン）にある矢野進厩舎にお世話になることになりました。リーディングにもなっている名門厩舎で、中山大障害を5回（当時は春と秋にあった）も勝ったバローネターフや、スクラムダイナ、ダイナシュートなど「ダイナ」がつく社台ファーム生産の活躍馬が何頭もいました。

競馬学校2年の秋から厩舎研修が始まったのですが、最初の日がまず函館3歳（現2歳）ステークスを勝ったダイナアクトレスのスタッフが戻ってきた「安着祝い」でした。北海道滞在から帰ってきた馬を見て「これがダイナアクトレスなんだ」と感動したのを覚えています。

で、その週末が伝統ある大レース天皇賞（秋）。デビューから8連勝で菊花賞を勝って三冠馬になったシンボリルドルフの独壇場になるはずのレースでした。

ここに矢野進厩舎からギャロップダイナが出走したのですが、レース前のパドックでは、僕が厩務員さんと2人で引いたんです。ちょっとうるさい馬だということでしたが、この日はそれほどではなかった。これが僕の〝競馬場デビュー〟ってことなのでしょうか。大勢の観衆がいましたが、人気薄だったのであがったりすることはありませんでした。

レースは矢野先生と一緒に見ていました。直線に入ってすごい勢いで追いあげてくるので「先生、ウチの馬、外から来てますよ！」。勢いは止まるどころか、さらにスピードを増します。「あれ、勝てるんじゃないですか？」って。

「皇帝」と言われたシンボリルドルフが歴史に残る「まさかの」負けを喫したレースですが、僕はその一端を担っていたわけです（笑）。

17歳の3月に騎手デビュー。初勝利は4月12日にダイナパッションという馬でしたが、同期でも遅い方でした。まだ右も左も分からなくて、とにかく必死にやっているだけでした。それでも1年目30勝、2年目43勝と勝ち星は伸びて、なんとかやっていけるかなと思えるようになりました。

5年目で憧れのダービーに

デビューして3年目、初めてGⅠに騎乗させてもらいました。平成元（1989）年の皐月賞。自厩舎のリアルビクトリというリアルシャダイ産駒で、オーナーの吉野文雄さんはエフティマイアなどの馬主である吉野英子さんのお父様。2代続けてお世話になったというわけです。この年はオークスと、暮れの朝日杯3歳（現2歳）ステークスにも騎乗しましたが、いずれも二桁着順でした。

2年後の皐月賞には矢野照正厩舎のシャコーグレイドで出走します。

このレースはあのシンボリルドルフの産駒で、ここまで4戦4勝というトウカイテイオーが人気の中心。シャコーグレイドは抽選でやっと出られるような馬だったので、急遽僕に騎乗が回ってきたという感じでした。

道中は後ろの方で我慢していましたが、3コーナーにさしかかったところで追い出すとぐっとスピードが乗って、4コーナーで外に出てさらに加速。

完璧に回れたと思いました。

直線を向いた時にこれは勝てるかな、とほんの一瞬（本当にほんの一瞬です）思いましたが、前にいたトウカイテイオーを見たらまだ全然追ってない。手ごたえもまるで違ったのでこれは無理だと思いました。それでも最後まで粘ってくれて18頭立て16番人気での2着。当時はまだ枠連しか発売されていませんでしたが、５４４０円もつきました。レースを見ていて「エビナって誰だ？」と思われた方も多かったのではないでしょうか。

シャコーグレイドが頑張ってくれたおかげで、ダービーにも初めて乗れることになりました。この日のことは、とてもよく覚えています。ベテランでも緊張すると聞いていたのですが、僕は憧れのダービーに乗れるというので、嬉しくて嬉しくてしょうがなかった。パドックで跨って地下馬道から出ていくまで、ずっとニコニコしていたみたいです。

今だから言えますけど、皐月賞の後、手を脱臼したんです。ダービーに乗りたいから誰にも言わないでテーピングしながら乗ってました。

トウカイテイオーはここでも強かった。前に行った馬は、みんなトウカイテイオーにやられて沈みましたね。シャコーグレイドは後ろから行ったので脚をタメられて、８着まで上がっていくことができました。彼にはその後天皇賞（春）や宝塚記念にも連れて行ってもらった。おとなしくてとても乗りやすい子でした。

競馬界が生まれ変わる時期を体感

ところで、僕がジョッキーになった1987（昭和62）年というのは、「日本中央競馬会」をJRA、それまで「場外《ジョーガイ》」などと言われていた街中の馬券売り場を「WINS」と呼ぶようになった年です。オヤジたちのギャンブルだった競馬が、もっと幅広い人々が楽しめるレジャーへと向かい始めた時期です。

ちなみに「ターフビジョン」なんていうのも、この年に命名されたそうです。翌88年にはタマモクロスとオグリキャップの芦毛対決が話題になり、一気に競馬ブームが加速します。幅広いファン向けのコマーシャルが流れ始めたのもこの頃ですね。この年、馬券の売上が2兆円を突破、わずか2年後には3兆円になりました。

それでも競馬場はまだ「鉄火場」などと言われ、圧倒的に男性の数が多く、若い女性の姿などはほとんど見かけませんでした。今のように「クリーン・キャンペーン」などという言葉もなく、ハズレ馬券が地面に散らかっているような、どちらかというと殺伐とした場所でした。

それは厩舎のあるトレセンでも同じ。競馬学校に入る前はテレビでレースを見ることしかなかったので、厩舎での研修が始まってびっくり。とにかく〝個性的〟な人ばかり。具体的には……ご想像にお任せします（笑）。

僕がデビューした頃の関東のトップジョッキーといえば、増沢末夫さんや郷原洋行さん、柴田政人さんに岡部幸雄さんなどがリーディング上位の常連。みな大レースでの実績も十分で、その牙城はちょっとやそっとでは崩せない感じでした。

僕は関東のリーディング上位のベテラン騎手それぞれのストロングポイントを研究したり、話を聞いたりして勉強させてもらいました。ホンネを言わないような方もいたし、なんとなく怖そうで、近づきがたいような雰囲気の先輩もいました。競馬がある前の日は、みな外の世界と隔離された調整ルームで過ごさなければいけないのですが、そこでも座る席が決まっていて、最初は知らないから、座っていたら怒られました。「お、あんちゃん」って、プレッシャーがありましたね（笑）。

酒癖が悪いとか、話が長いとかいろいろな先輩がいました。優しい先輩もいたけれど、みな一癖も二癖もありましたし、そういう人の方が勝ってました。僕もあと三癖ぐらいあったら、もっと勝てたかもしれない（笑）。

今でこそ、女性ジョッキーが何人も活躍し、昨年は女性調教師も誕生しましたが、僕がデビューした当時は、まったくの男社会。厩舎の前を通るだけで、水をかけられたなんていう女性キャスターもいました。「レースの前に女が来ると縁起が悪い」って。

勝負事だけあって、縁起を担ぐ人も多かったし、独特の慣習がありました。「競馬の日の朝は味噌汁を飲むな、ミソが付く」と言われていて、お中元やお歳暮も味噌はダメだったそうです。あとレース前には後ろから声をかけるなとか、レースの日には洗濯するなとか。そういうのが、覚えられないぐらいたくさんありましたよ。

パワハラなんていう言葉はもちろんなくて、調教師も怖い人が多かった。それでもこの中でなんとかやっていくうちに大人になっていくのだろうなあと思っていました。〝教育的指導〟なんかもあったようですが、僕がお世話になった矢野進厩舎は、やさしい人ばかりでした（ホントです）。

新人の頃は厩舎の2階に住んでいました。8畳ぐらいの部屋が2つあって、もう一人、先生の一番弟子だった助手さんと一緒でした。トレセン内には独身寮もあって、そこに住んでいる若手ジョッキーも多かったけれど、僕は厩舎に住んでいた方が朝ラクだなという思いでした。すぐ下が職場なわけですから。時折、馬が壁を蹴る音や鳴き声が聞こえてくることもあり、それはそれで悪くない環境でもありました。

トレセン自体は東京ドーム48個分という敷地の中に、2つの馬場（当時）や坂路、プールや森林馬道といった調教施設の他、約100の厩舎がありますが、そこに隣接して団地のような建物があり、独身者用から家族が住めるような広さの部屋まであります。食堂やスーパーマーケット、クリニックや郵便局なんかもあって、普通に暮らすために必要なものは揃っています。

しかし時代と共に、トレセン周辺に住む人も少なくなってきました。仕事場に近すぎると、オンとオフの切り替えがなくなってしまう。流れで食事を一緒にしたりすると、仕事の話ばかりになってしまう。仕事でトラブルがあると私生活にも影響してくるかもしれないし、逆に私生活の問題が職場にも持ち込まれたりする。子供が生まれたりすると、ここに住んでいる限り、公立の場合はみな同じ幼稚園・小学校・中学校でしょう。そうなると子供も何かと窮屈ですからね。僕も結婚後の住まいは少し離れたところにしました。

トレセンの人間模様や空気感は昔とずいぶん変わりましたが、厩舎暮らしの日々をふと懐かしく思い出すことがあります。

美浦トレセンに「南北問題」があった⁉

美浦トレーニング・センターに来たことがある人は分かると思うのですが、正門から延びる広い通りを中心に、北と南に分かれて厩舎の建物が連なっていました。かつては競馬新聞などにも、厩舎の場所によって「美浦北」「美浦南」というふうに書かれていましたよね。北馬場、南馬場と、それぞれに調教コースがありました。

北と南でいがみあったりすることはなかったけれど、対抗意識はありました。たとえば「また南からGⅠ馬が出たな」とか「こっちも頑張らないとな」とか。あるいは「南にい〝あんちゃん〟が入ったみたいだな」というように、新人騎手をみんなで応援してやろうというような雰囲気もありました。僕の所属した矢野進厩舎は北だったので、当初は北の先生方にかわいがっていただきました。トロットスターの中野栄治先生、アパパネの国枝栄先生も「美浦北」です。

厩舎の設《しつら》えはまったく同じだったし、人的交流はあったし、日常生活の場は同じだったので、「対立」といえるようなものではありません。もともと競争が好きな人たちが集まっているから、自然にそうなったのでしょう。いい意味で切磋琢磨していました。

有力馬がいるかいないかでは取材に来るマスコミの数が違う。競馬記者は北と南に担当が分かれていたけれど、GⅠの前になると取材に来るテレビはスタッフも多いし、やはり有力馬を取り上げたいのでしょう。タレントさんや女性キャスターなんかも来て、賑やかになる。そんなところへ南の厩舎のスタッフがふらりとやって来たりすると、「なんだ、こっちはテレビカメラが多いな」なんて羨ましそうだったり。

1992年に南馬場のコースの一つが、細かく砕かれた木片を敷き詰めたウッドチップコースに改修されました。ダートコースにくらべるとクッションがよく、脚元への負担が少ないので、みなここで調教したくなる。北馬場でも同様にしたかったらしいのですが、排水の関係などで難しかった。それでしだいに北の厩舎も南馬場へ調教に出向くようになりました。

翌年には南馬場の近くに坂路馬場もでき、さらに気象条件の影響を受けにくいニューポリトラックコース（＊3）もできた。一方、北馬場での調教となるとさまざまな工夫が必要になってきて、軽い調整をする程度になり、徐々に利用されることが少なくなりました。それで「南北問題」も、自然消滅したのかもしれません。

で、「東西問題」はというと……栗東トレセンにくらべると、まだまだ物足りなかった坂路馬場が、２０２３年のダービー後に改修が加えられ、10月から新しくなりました。今までの坂路をさらに掘り下げて、下から上がってくるようになり、高低差は従来の18ｍから栗東を上回る33ｍとなっています。

北馬場はすでに閉鎖され、取り壊された跡に新しい厩舎ができます。今の厩舎は78年の開場以来の建物。当時に比べると馬の体もかなり大きくなっているのに、馬房が昔のままでは窮屈ですね。蛯名正義厩舎もいずれそちらに移転する予定です。

＊3　ニューポリトラック　厳寒期の調教を安全に行なうために生まれた素材。電線被覆材、ポリエステル不織布、ポリウレタン繊維、ワックス等を混合したものでＷチップやダートに比べて時

計が速い。

調教師とのかけがえのない出会い

僕の場合は自分で選んだわけではないのですが、矢野進厩舎に入ったことがよかったと思います。矢野先生は僕が1年目に30勝した後、「ウチの厩舎でも走る馬だったらいいけれど、走らない馬だったら乗らなくていい」と融通を利かせてくれたし、知り合いの調教師に声をかけていろいろ乗せてもらいました。

矢野先生は僕の厩舎が開業するほんの少し前、2022年の2月11日に84歳で亡くなられました。コロナの影響で会う機会も少なくなっていましたが、その前年の12月15日にやっとお目にかかることができ、開業することをとても喜んでくれました。

僕は同期の中でも初勝利は遅い方だったし、あとから入ってきたカツハル（田中勝春調教師）より、リーディングで下だったこともある。

3年目で通算100勝を達成と聞くと、順調なジョッキー人生のようですが、なかなか重賞を勝つことができませんでした。何回も乗せていただいていたのですが、勝てないどころか、2着にもなれなかった。関西では同期の武豊騎手が3年目でGIを4勝し、リーディングジョッキーになっていたので、置いていかれちゃいけないという思いはありましたが、どうしようもなかった。

そんな頃、関西の森秀行先生にすごくお世話になりました。ちょっと勝ち星が伸び悩んでいた時期に声をかけてくれて引き上げてくれました。森先生も若かったので、いろいろ話がしやすかったたし、意見を聞いてくれて、海外に行くチャンスももらったりしました。

そうして一段上がったところで、今度は藤沢和雄先生や田中清隆先生にまた一段引き上げてもらい、さらに二ノ宮敬宇先生や小島太先生、国枝栄先生の馬で、またステップアップさせてもらった。

そうしているうちに経験という自分の財産が積みあがっていくことを実感できました。チャンスをもらったら、とにかく応える。1回目は失敗しても2回目では応えないといけない、結果が伴わないと次がないと思って頑張りましたよ。

1頭の種牡馬が日本競馬を変えた

1990年代初め、社台グループがアメリカでGIを6勝して年度代表馬にも選ばれたサンデーサイレンスを16億5000万円で購入。日本で種牡馬になり、その後多くの名馬を世に送り出したことで、競馬の世界地図は大きく塗り替えられました。この馬の存在なしに、今の日本競馬の隆盛はありえません。

サンデーサイレンスの子供たちは94年6月にデビューするのですが、厩舎関係者の間でデビュー前の評判がすごくよかったわけではないんです。気性が激しいようなイメージで、父親に似て後肢の関節や腰から臀部にかけて問題がありそうだなどと言われたり、あれだけの成績をあげた馬なのに日本に来たのはなぜなのだろう、というような疑問符付きだったりしました。

当時は6月の北海道で一足先に新馬戦が始まったのですが、7月までにデビューした8頭のうち4頭が勝ち上がり、さらに2頭が7月末に行なわれた最初の重賞で1、2着。これで、一気にすごいってことになり、8月以降にデビューした馬も次々に勝っていきました。

僕がサンデーサイレンス産駒に初めて騎乗してレースに出たのは8月20日。初年度の代表産駒と言われ、種牡馬としても多くの活躍馬を出したフジキセキのデビュー戦です。

この夏は新潟にずっと滞在しており、関西の渡辺栄先生からの依頼でした。先生からは、

「勝つとか負けるとかじゃなくて、1200mのレースだけどマイルの感じの競馬をしてきてくれ。最後流してきていいから」

と言われました。負けるなんて思っていない、ゆっくり行って最後スーッと伸ばせばそれで勝つから、という感じでした。

1番人気は前の週にデビューして3着だった馬でした。フジキセキはゲートが速くなくて、トコトコって感じで出たのに、スーッと追いついちゃった。車でいえばアクセルを踏まなくてもいい、僕が何もしなくてもスピードが出ちゃう。それでいて一生懸命走ってる感じではなく、歩いているかのようなんです。

2着馬に8馬身差の圧勝でした。衝撃というか気持ちがいいっていうか……ああ、こういう馬がクラシックを勝つんだろうなと思いました。

フジキセキはこの後、オープンと暮れのＧⅠ朝日杯、翌年皐月賞トライアルの弥生賞と4連勝したところで屈腱炎を発症して引退してしまいましたが、サンデーサイレンス産駒は皐月賞でジェニュイン、オークスでダンスパートナー、ダービーでタヤスツヨシが勝って、いきなり種牡馬リーディング1位となり、その座を、亡くなった5年後の07年まで譲りませんでした。

僕の所属する矢野進厩舎にもフロムダークネスやストーミーサンディなどが入ってきて勝たせてもらいましたし、引退後スクリーンヒーローを生んだランニングヒロインにも騎乗しました。

初のＧⅠもサンデーサイレンス産駒

デビュー3年目には通算１００勝を達成しましたが、なかなか重賞を勝つことができませんでした。デビューした年に4回も乗せてもらいましたが、ブービーが2回、二桁着順が2回。19歳で13回、20歳の時はＧⅠを含めて19回乗せてもらいましたが、勝てないどころか、2着になったのも1回だけ。

関西では同期の武豊騎手がすでにGⅠを5勝し、早々とリーディングジョッキーになっていたということもあったのかもしれませんが、新聞には蛯名正義はなかなか重賞を勝てないと書かれたりしました。自分では焦りはないつもりでしたが、置いていかれちゃいけないという思いはありました。でも勝ちたいと思えば思うほど、勝利から見放されていくみたいな感じでしたね。

1992年2月のフェブラリーハンデ（現在のGⅠフェブラリーステークス）が初めての重賞勝利。大久保洋吉厩舎のラシアンゴールドです。勝って肩の荷が下りたっていうか、もう「重賞を勝てない」なんて言われなくなるなって（笑）。自分の自信にもなって、この年54勝と勝ち星も一気に増え、翌年には関屋記念と京王杯オータムハンデと勝ち、2018年まで26年連続で重賞を勝ち続けることができました。

ところがGⅠとなると、93年には9回騎乗したけれど最高が4着、95年には天皇賞（春）で6番人気だったステージチャンプを2着に持ってくることができましたが、今度はなかなかGⅠを勝つことができないと新聞記者などに指摘されました。

そんな状況を救ってくださったのが藤沢和雄先生でした。

サンデーサイレンス産駒バブルガムフェローは95年暮れの朝日杯2歳（当時3歳）ステークスを勝ち、春のスプリングステークスも勝ってクラシック戦線の主役でしたが、皐月賞前に骨折が判明。休養して秋に備えることになりました。

実績のある3歳牡馬ならば、秋の目標は菊花賞というのが当たり前の時代でしたが、藤沢先生が目標に据えたのは天皇賞（秋）。非常に画期的なことで、エネルギーがいる挑戦でした。

この馬にはデビューからずっと岡部幸雄騎手が乗っていて、毎日王冠まで6戦4勝。普通なら天皇賞（秋）も岡部騎手のはずでした。ところが藤沢厩舎ではタイキブリザードが天皇賞（秋）と同じ日に行なわれるアメリカのブリーダーズカップに岡部騎手で参戦することになった。それで僕に依頼がきたわけです。なぜ僕になったんだろうというのはありましたけれど、当時はそんなことは訊けません（笑）。

このレースには有馬記念などGIを3勝もしているマヤノトップガン、春の天皇賞を勝ったサクラローレル、ずっと武豊騎手が乗ってここまで9戦8勝というマーベラスサンデーなど錚々《そうそう》たるメンバーが出走してきていて、バブルガムフェローは3番人気でしたが、直線での叩き合いを制して勝つことができました。

サンデーサイレンス産駒ではこの後、マンハッタンカフェ（3勝）とマツリダゴッホでGⅠを勝たせてもらいました。またステイゴールドやフジキセキ、そしてディープインパクト産駒などの孫世代でもGⅠを9勝。本当にお世話になりました。

エルコンドルパサーとの忘れ得ぬ日々

海外で競馬をしたいという思いは騎手を目指した時からずっとありました。競馬オタクだった中学生の頃にジャパンカップが始まり、競馬学校時代には海外競馬もよく見ました。

海外遠征は香港が最初。1994年と95年、森秀行厩舎のフジヤマケンザンという馬です。香港では今でこそ国際レースが多くなりましたが、その頃はあまり行く馬もいなかったし、競走体系も確立されていませんでした。

勝ったのは95年12月、当時まだGⅡだった香港国際カップ。それまで香港で2回失敗していて普通ならクビなのですが、それでもチャンスをいただいたので、自分の中で期するものがありました。日本馬が海外の重賞を勝ったのは、これが史上初めてのことでした。

エルコンドルパサーはデビューから98年のＮＨＫマイルカップまで5連勝。ＮＨＫマイルカップには僕もトキオパーフェクトという4連勝の馬で臨みましたが、距離が持たなくてこっぴどくやられました。

エルコンドルパサーにはずっと的場均騎手（現調教師）が乗っていたのですが、グラスワンダーというお手馬がいたことから、秋の毎日王冠から僕が乗ることになりました。夏競馬でエルコンドルパサーと同じオーナーのオフサイドトラップで重賞を連勝していたことで、オーナーが僕に乗ってほしいと言ってくださったようです。

毎日王冠ではサイレンススズカの2着でしたが、次のジャパンカップでは、スペシャルウィークやエアグルーヴを相手に勝つことができました。僕にとっては2つ目のＧⅠタイトルです。

エルコンドルパサーは4歳になった99年、拠点をフランスに置いて10月の凱旋門賞を目指すことになりました。

凱旋門賞の前に重賞を3回使って2勝2着1回。僕はレースばかりか、調教だけのためにフランスに行って、週末に帰ってきて日本の競馬に乗ったりしました。2泊4日なんてこともありましたが、若かったんでしょうね、体力的にはまったく平気でした。ワクワクドキドキとかいうのはなくて、日本とフランスを何度も行き来して、すっげージョッキーになったなあってなんだか他人事みたいでした。凱旋門賞では残念な2着でしたが、とにかく濃密な1年でしたね。

その後2000年は5か月間アメリカの東海岸に腰を落ち着けて、新人のつもりで競馬に取り組みましたし、マンハッタンカフェ（02年）やナカヤマフェスタ（10、11年）で凱旋門賞にも出走することができました。10年の凱旋門賞では、武豊騎手もヴィクトワールピサで参戦。世界最高峰と言われるレースに競馬学校の同期生が揃って騎乗。勝つことはできませんでしたが、とにかくいい経験になりました。

ただ、近年多くの日本馬が出かけて行くドバイは依頼がなかった。現地での調整が難しいと聞きますが、調教師になってからはぜひ行きたいですね。

競馬界の革命的イベント、セレクトセール

1998年から始まった世界有数のセリ市であるセレクトセール。

僕は社台ファーム代表の吉田照哉さんに「勉強になると思うよ、来てみたら？」と言われて第1回から行っています。その後もアメリカ遠征に行っていた時と、調教師試験の勉強をしていた時以外、ずっと行っています。

第1回セレクトセールの頃はサンデーサイレンス旋風の真っただ中。6頭が1億円を超える価格で落札され、そのうちの1頭がサトルチェンジの98年産、つまり僕が騎乗してGⅠを3つも勝ってくれたマンハッタンカフェで、落札価格は1億3000万円でした。3歳春は体質が弱くてクラシックを断念。とにかく「高い馬だから」「秋には絶対によくなる」と大事に育てられました。この馬が天皇賞（春）を勝った2002年のセレクトセールでは、サンデーサイレンス産駒が最高で3億3500万円という値を付けました。

一方、ナカヤマフェスタは07年に1000万円で落札された馬です。クラシックでは結果が出ませんでしたが、古馬になって力をつけて宝塚記念を勝ち、僕と一緒にフランスの凱旋門賞に出走。世界最高の舞台でアタマ差の2着に頑張ってくれました。セレクトセールは高額落札馬でなくても走る馬が上場されてくるということが印象付けられたと思います。僕自身ジョッキーとしてセレクトセール出身馬に本当にお世話になりました。

でも、その頃はまさか自分が調教師としてセリに参加するとは思ってもいませんでした。あれはヤバい（笑）。調教師試験に合格した翌年、馬を預けてくださるというオーナーから「当日会場に行けないので、代理で買ってほしい」と依頼されて初めて調教師として参加したのですが、何とも言えない緊張感でした。

２０２２年のセレクトセールでは２日間の落札総額が初めて２５０億円を突破しましたが、高額落札馬が多かったというよりも、１頭あたりの平均価格が高かったなあ、というのが第一印象です。いくらセレクトされた馬ばかりとはいっても、どの馬にも高値が付くことはないはずですが、常にパンパンと値が上がっていった感じでした。

ディープインパクトやキングカメハメハといった絶対的な種牡馬がいなくなった後、ハーツクライが引退、ドゥラメンテが21年に急死したことで購入できる機会がなくなり、エピファネイアやキズナの産駒が多く上場されたのも大きかったのでしょう。これらの種牡馬はすでに実績がありますが、まだ産駒がデビューすらしていないレイデオロやサートゥルナーリアに対する期待感も後押しした印象です。

さらに24年から「3歳ダート三冠」（＊4）という路線が整備されることになって、ダート血統の馬にも注目が集まって高値を付けたということもあったのではないでしょうか。

セール前には各牧場で上場馬を見て回りました。走りそうかどうか判断するのは難しいことですが、牧場で馬を見るのはとても楽しい時間です。馬を見る時は、やはりそれぞれの「好み」が大きいと言われます。全体のバランス、顔つきとか歩き方、もちろん血統と、いろんな人がその人なりの尺度をもって馬を選びます。

僕は騎手としていろんな馬を見てきました。自分が乗らなかった馬も含めてずいぶん見てきたつもりです。いい馬は乗った瞬間に「お、この馬走るぞ！」といった感覚もあったのですが、跨らずに馬を判断しなければならないというのは、今までにはない経験です。なかなか言葉にはできないけれど、自分の中には「こういう馬！」というイメージはあります。見た瞬間、これだとピンとくるようなものかもしれません。

200頭ぐらい見てこれはと思う馬が15頭いたとしても、さまざまな条件をクリアするのは5頭ぐらいです。予想される価格ももちろんですが、上場する牧場が過去の検査結果やケガ、癖などの情報を公開しているので、それもチェックし、牡馬か牝馬か、芝・ダートどの路線を目指すかなど、馬主さんと相談して当日のセリに臨みます。

23年には落札総額が281億4500万円で過去最高だった前年をさらに24億円近く上回ったとのこと。さらに1億円以上（消費税は別です）の値を付けた馬が63頭というから驚きという他はありません。

少し前までのセレクトセールでは、高額落札馬といえばノーザンファームなど社台グループの生産馬が中心、それもディープインパクトやハーツクライなど一部の種牡馬産駒に人気が集中していました。しかし23年は日高の牧場で生産された馬にもかなりの値が付きましたし、どの種牡馬産駒もまんべんなく高値がつくようになりました。また従来牝馬はそれほどセリ上がることはなかったのですが、2億8000万円を筆頭に13頭も「億」の値が付きました。

＊4　3歳ダート三冠　大井競馬場で施行されている羽田盃、東京ダービー、ジャパンダートクラシック（旧ジャパンダートダービー）の3競走。

「コロナ禍の3年間」を未来に活かす

新型コロナの感染症法上の分類が2023年5月の連休明けから、インフルエンザなどの感染症と同じ5類に引き下げられました。思えばこの3年間、競馬の世界もコロナの影響で大きく揺れ、縛られ、振り回されました。

20年2月末から10月まで、日本競馬史上初めて「無観客競馬」となりました。この年はコントレイル、デアリングタクトと3歳牡牝がどちらも三冠馬という競馬史上に残る1年。他にもアーモンドアイやグランアレグリア、クロノジェネシスなどが活躍しましたが、その走りを生で見ることができたのは限られた人だけで、今日は本当にGⅠだっけと思ったりしたものです。

個人的なことを言えば21年2月いっぱいで騎手を引退した時も、お客さんの前でご挨拶をすることがかないませんでした。長い間応援していただいたことに対する感謝の気持ちを伝えることができなかったのは今でも心残りです。

その後競馬場へは段階的に入場者が増えてきましたが、相変わらずさまざまな規制があって、窮屈な思いをされたのではないかと思います。マスクをするのはしょうがないにしても、大声を出さないで応援するのって難しいですよね。我々にしてもスタート時や直線で歓声がないのは、やはり寂しかった。「歓ぶ声」は騎手のモチベーションを高めてくれる大事な要素なのです。

コロナ禍以前、ウイナーズサークルでの記念撮影を終えた勝利ジョッキーが、次のレースへの騎乗がない時に限り、即席のサイン会が開かれていました。ファンサービスとして、とてもいいことだと思っていましたが、それもやめざるを得なくなりました。

トレーニング・センターの日常でいえば、騎手の厩舎回りが禁止されました。若い騎手は他厩舎の手伝いをすることでかわいがってもらったりすれば、乗る馬も増えてくる。そうやって築き上げていく人間関係はとても大事。それでも活躍している騎手はいいけれど、乗鞍が少ない若手騎手はさらに厳しくなっていたはずです。

馬主さんや競馬記者も、厩舎に立ち寄ることはできなくなりました。競馬サークル内の懇親会として行なわれていた盆踊りとか餅つき大会など、ホースマンの家族も参加できる季節ごとのイベントもすべて中止になりました。厩舎前でバーベキューをやったりすると、他の厩舎の知り合いや競馬記者なんかも、差し入れを持って集まってきたり、冬になると、調教コースの近くで豚汁やおにぎりが用意されて、ワイワイやっていたこともありましたが、それも姿を消しました。

これまで当たり前にできていたことの多くが「コロナだから」の一言でできなくなりました。そんな中でも、競馬の売上が落ちなかったのは奇跡としかいいようがないし、ネットで馬券を買ってくれたファンにも、前だけを見て走ってくれた馬たちにも感謝しかありません。

このイレギュラーだった3年間の経験を活かして、新しく、より意味のある競馬の楽しみ方を考えていきたいと思います。

第3章
52歳の新人調教師誕生

騎手引退を決意するまで

騎手時代、少なくとも40代半ばまでは調教師になろうとは考えてもいませんでした。30歳ぐらいの時に、この先50歳まで騎手としてやっていける体をつくろうと思って、大学に通って指導を受けてトレーニングを始めたんです。

だから40歳を過ぎても、自分自身では肉体的に年をとったなあとか、衰えたと思ったことはあまりなかった。45歳で107勝しているし、46歳の時にもリーディングのベスト10には入っていました。毎週毎週競馬のことばかりで、第2の人生なんて全然考えていない。50歳になったら考えればいいやと思っていたのですが、お世話になっている馬主さんから、「そろそろ調教師試験を受けてみたらどうだ」ってアドバイスをいただいたんです。

小学校時代から騎手になりたいと思ってその夢を叶えたほどだから、競馬に関わる仕事はずっと続けたいと思っていたはずですが、具体的に調教師になるというイメージは抱いていませんでした。

でも調教師だって体力は必要だから、転身するなら早い方がいいのかもしれないと考えるようになった。とはいえ、そう思ったからといって50歳ですぐ調教師になれるわけではないし、それから勉強して何年後かになれたとしても、70歳の定年まで何年できるかというのも分からない。それでは中途半端で終わってしまうのではないかなど、かなり悩みました。

何度もケガをしたことで引退するジョッキーは多いけれど、僕はトレーニングの成果もあって、続けていくのがしんどいというほどの大きなケガはなかった。体質的に減量が大変ということもなかったので、まだまだジョッキーとしてやっていけるという自信はありました。

そもそも勉強は大嫌いだし、老眼も出てきて細かい字が読みにくくなっているし、競馬以外のことでは記憶力も悪くなっている（笑）。しかも調教師が大変な仕事だっていうのは、お世話になった先生方の日常を見ていて分かっていました。

そんな時、お世話になっていた二ノ宮敬宇先生から、「調教師は馬をつくるけれど、同時に人もつくっていくんだ」というお話をうかがったんです。厩舎のスタッフが馬の日常の面倒を見ているわけで、それで僕が勝たせてもらって、リーディングジョッキーにもなれた。つまり騎手である自分が「してもらった」ことです。だったら年をとったら、恩返しじゃないけれど、自分が競馬に対してできることを「していく」ということも考えなければいけない、と。

やるなら体力的にまだまだ若いうちに、と覚悟を決めました。

家族はびっくりしたようです。騎手というのは危険な職業なので、常にケガの心配をしてくれていましたが、それでもやめるという話をした時は、妻も子供たちも「騎手をやめちゃうのか〜?」と寂しい気持ちになったとのことです。でも、もう本人が決めたことなので「やめないでほしい」とは言わず、割り切って応援してくれました。

家族だけじゃなくて、昔からお世話になっている馬主さんも「えー!」みたいな感じでした。「これから誰に乗ってもらえばいいんですか」なんて言ってもらえてありがたかったけれど、だからといって、やめるのをやめますなんていうと踏ん切りがつかない。これだけ乗せていただいて、ありがたかったと思いながら決断しました。騎手をスッとやめて、新たなスタートを切るという生き方を選びました。

調教師試験を受けると僕が決断したのは2016年、47歳の年で、すぐに競馬サークル内では多くの人の知るところになりました。そうすると、周りが気を使ってくれて、ケガをして試験を受けられなかったら大変だということもあって、騎乗依頼が減っていきました。僕としてはまだ試験は先だから大丈夫だと思っていても、勉強に差し支えるのではないかと気づかってくれたのだと思います。

またこの時期は、よくお世話になって有力馬に乗せてくださったマンハッタンカフェなどの小島太先生や、エルコンドルパサーの二ノ宮先生が退職されました。自分からセーブしたということではなく、さまざまな要素が重なって騎乗依頼が減り、騎手引退に向かっていった感じです。

49歳からの「試験勉強」は本当につらかった！

ところがこの「試験勉強」ってやつが、思っていた以上に大変でした。

昔は1000勝したジョッキーが調教師になろうとすると1次の筆記試験が免除されて、2次の口頭試験（これはこれでとても難関です）だけでよかった。今は2000以上勝っていても、まったく優遇措置がない。

1次試験は競馬法や施行規則、調教技術、馬の生理学から厩舎を経営するための労働法まで、とにかく幅広い。

スポーツ選手はみんなそうだと思いますが、中学を卒業してから勉強というものに向き合っていないので、何から手を付けていいのか分からない。馬に乗ることに関してはすごく頑張ることができるし、うまく乗るためにどういうトレーニングをしたらいいのか分かるけれど、勉強となるとまるでダメ。

まず机の前に座るという習慣をつけることから始めなければならない。しかも年をとってくると、答えが云々という前に、問題からして何が書いてあるか分からない。

関西では先輩調教師などが呼びかけて、調教師になるための勉強会のグループがいくつかあったようですが、関東ではほとんどなかった。なので、試験勉強をするといっても、どんな教科書や参考書を読めばいいのか、そもそもそんなものがあるのか、そして何を勉強すればいいのかなどまるで分からなかった。

最初の調教師試験に1次で落ちた時、こりゃあなんとかしないといけないと思いました。退路を断つじゃないけれど、こっちは競馬に乗るのを削って逃げ道をなくして勉強しているのにあっさり落第。精神的にもギリギリでした。3回続けて落ちたら受けるのをやめようかと思いましたよ。

それで、僕と同じように調教師試験を受けようとしている西田雄一郎騎手、村田一誠騎手に声をかけて、勉強会をすることにしたんです。すでに調教師を目指している元ジョッキーの調教助手たちも含めて8人ほどでジョッキールームや調整ルームを借りて、厩舎作業が終わった夕方5時から9時ぐらいまで集まることにしました。終わってからの飲み会のためではありません（笑）。

誰かが指導するというのではなく、みんなで「これ分からないんだけど」っていう疑問を集め合って、分かるヤツがこれはこうだと教え合う。試験を受けたことがあれば、どんな試験だったのか、何で苦労したのか、その経験を話してもらう。

一人でやるというのはどうしても大変。今日はこれくらいでいいかなって、折れてしまいそうになるけれど、一緒に競馬に乗って来た仲間がやっているなら、僕もやるしかないなという気になる。自分が相手に教えられれば、また覚えられるし、相乗効果で頑張ることができた。もちろんみんな一緒に合格すればいいけれど、そうじゃなくても合格したヤツがその経験を残っているみんなに伝えてくれればいいと思っていました。

もともとジョッキー同士は、同じ釜の飯を食べ、同じ風呂に入っていた仲間たち。変に気取る必要もないし、調教師を目指すとなれば、ジョッキー時代の実績なども関係ありません。

筆記試験はパワハラやセクハラといった新しい知識も必要になってきますが、とにかく覚えるしかない。過去の問題だけではなく、新しい問題についても話し合いました。

2次の口頭試験では調教師になってトラブルになった時、たとえば馬主さんがいろいろ相談を持ちかけてきた時にどうやって対応するのかといったことを訊かれます。こちらが答えると、さらに反論するようにたたみかけられる。藤沢和雄先生からは、専門的な言い方で説明するのではなく、分かりやすく説明するようにと教えられました。

厩舎経営というのは個人商店主みたいなものなので、いろいろなことが起こる。それにどう対応するかという、勉強よりも人間性を見るようなところがあるかもしれません。

勉強会では、たとえば西田君が試験官になって僕に質問して、その答えに対してさらに突っ込んでくる、というシミュレーションもしました。ああ言えばこう言う的にちょっと意地悪に攻められることで、試験の緊張感も摑めたと思います。

2021年、3回目の受験で合格することができました。一緒に勉強会で励まし合った西田君、村田君も同時に合格して本当によかった。

ちなみに、この「勉強会」は、僕たち3人が合格した後も続いています。僕たちが残した本や資料や勉強のノウハウを参考にしてくれているみたいです。同じ年の12月にはタカユキ（嘉藤貴行）、その翌年が千葉（直人）君、そして昨年はカツハル（田中勝春）と、柄崎（将寿）君が合格しました。

まだ勉強している仲間もいます。関東では騎手出身の調教師が少なかったのですが、これをきっかけに、みな第2の人生の一つとして考えてほしいと思います。

藤沢和雄先生のもとで調教師修業

試験に合格してからは、藤沢和雄厩舎で技術調教師として開業前の修業をしました。

藤沢先生といえば、あえて僕が説明するまでもなく日本競馬界の宝です。リーディングトレーナーになること14回、ＪＲＡのＧⅠを34勝など重賞126勝。通算1570勝は今の厩舎システムになってからはもちろん歴代最多です。

初めて美浦トレセンでお会いした時のことは鮮明に覚えています。僕はまだ減量騎手でしたが、3頭ぐらい馬を連ねて馬場に入る時に声をかけていただきました。ジョッキーに成りたての僕でも、おお、この人なんか違うなと思いましたね。全身からオーラが出ているようで、誰かに見られているなって振り返ると、そこにいらっしゃったなんてことはよくありました。

1996年にバブルガムフェローで初めてGⅠを勝たせてもらいました。2021年にはエフフォーリアが天皇賞（秋）を勝って年度代表馬にもなりましたが、かつては3歳馬が出走するなんて考えられないことでした。旧来の常識にとらわれず、新しいことをやっていくのは大変なことだと思いますが、それをやってのけるだけの信念とバイタリティがあり、常に日本競馬をリードされていました。

調教師を目指していた時、僕自身は新たな気持ちで勉強したいと思いましたが、教える側に気を使わせてしまうのではないかと思っていました。自分でいうのは何ですが、騎手として長年の経験もあったし、年齢も50近くになっているので扱いにくいでしょう（笑）。

そんな時、藤沢先生が「うちに勉強に来たらいいじゃないか」とおっしゃってくださった。「こいつ、行き場がないんだろうな」と、僕の立場を分かってくれたんです。

この間教わったことは、とてもとてもここでは書ききれません。毎日のように目から鱗が落ちる思いでした。

藤沢先生からは、「いまさら乗るのがうまくなってもしょうがない、馬の上からではなく、地上から全体を見られるように」と教わり、馬にはいっさい乗りませんでした。

馬に乗ったスタッフの意見を聞いて、自分で見た印象とどう擦り合わせていくかということの繰り返しです。自分で乗れば、その一頭のことは分かるけれど、調教師になったらすべての管理馬のことを知っていなければならない。全部乗ることはできないので、乗った人から話を聞いて状態を理解することが大事です。

これがとても難しい。

自分の印象と乗った人の意見が違う時は、その話を分析して原因を追求しなければ、今後の方針も決められないわけです。もどかしいこともありますが、逆にスタッフと同じような考え方だったり、馬のつくり方での意見が一致したりすれば、それは強みになる。

ジョッキーの時は、馬場に出れば自分一人で、味方は乗っている馬だけだったけれど、今度は裏方になって、馬主さんやジョッキーや厩舎スタッフとチームになって、喜びも苦労も分かち合えるのが楽しみになりました。

2022年3月1日、蛯名正義厩舎開業

僕が研修させてもらっていた藤沢和雄厩舎では、あくまでも「馬優先」でした。解散する時も悲壮感はなく、これまで通りに淡々と仕事をしていたスタッフの姿が目に焼き付いています。そこで日々過ごしてきた僕も「さあ、いよいよ開業だ」と気負うことなく、馬の様子を見ることに集中。厩舎の場所も決まり、どうしたら馬にとって心地よい場所になるか、スタッフが仕事をしやすい環境になるかに腐心しました。

ありがたいことに藤沢厩舎のスタッフが9人、引き続き僕の厩舎でやってくれることになりました。あと1人は、僕がジョッキーの時にお世話になっていて、やはり同じ年に解散した田中清隆厩舎のスタッフで、以前から開業したら一緒にやりたいと言ってくれていました。調教助手の大江原勝、津曲大祐を始め合計10人の精鋭によるスタートでした。

普通の組織では上に立つ人間が変わると、いきなりこれまでのやり方を改めたりすることがあるかもしれないけれど、僕たちは馬という生き物を扱う仕事。その馬に合ったやり方をしなければいけない。志ばかり高くても、馬に無理をさせてしまってはなんにもなりません。スタッフもみなそれが分かっているので、自分の色を出すぞ、ということではなく、あくまでこれまでの延長線上でありたいと思いました。

4年近くの技術研修でこの厩舎の馬も人も見てきているので、これ以上のことは何ができるのだろうかと思いました。藤沢先生にないものが僕にあるとしたら、ジョッキーとしての感覚ぐらいですが、調教など日常のベースは変わりません。「丈夫な馬をつくる」という考え方を継承していかなくてはならないと思っています。

なんだかフラットな気持ちで開業の日を迎えました。ジョッキー時代、年の初めには「今年は勝てるだろうか」と思ったし、3、4週勝てないと少し焦って、2つ勝つまでは落ち着きませんでした。毎週土曜日の最初のレースの時にも、いつも通り乗れるだろうかという不安も少しありました。言ってみれば、その繰り返しだったような気がします。調教師になっても、それは同じなのかもしれません。

信頼と実績を引き継ぐ責任

3歳以上の管理馬は、藤沢和雄厩舎の素質溢れる馬32頭を「転厩」という形で引き継ぎました。馬にしてみれば、蛯名正義厩舎の開業日がスタートではありません。彼らの競走馬人生はすでに始まっています。僕に課せられた使命は、これまで通りに接すること。それ以上でも以下でもありません。

馬主さんの意向もあり、すべての馬を引き継いだわけではありません。それでも重賞勝ちのあるゴーフォザサミット、3歳で2勝しているレッドモンレーヴまでとびきりの馬ばかりです。藤沢先生が長い間かけて築き上げてこられた信頼と実績の賜物です。

通常は20馬房ですが、新人調教師ということで16馬房からのスタート。実績や経験を重ねたベテラン調教師になるとさらに増えていきます。現在では矢作芳人厩舎や手塚貴久厩舎などの28馬房が最大です。僕が研修をしていた藤沢和雄厩舎も解散時は28馬房ありました。馬房数が増えれば、その分スタッフの数も増えていきます。

もうすぐレースに出走する馬や、レースを終えたばかりの馬が美浦トレーニング・センターの厩舎にいます。

この時の2歳馬については前年からセレクトセールや日高のセリに出かけ、馬主さんの意向を受けて僕自身が落札した馬もいます。また馬主さんが欲しかったという馬も引き受けます。

クラブ（＊5）からの依頼もあります。前年の募集時には「新規開業厩舎」となっていたはずです。僕を信頼して預けてくれるし、いい馬が多くて事務手続きなどもスムーズです。でもあまりクラブにばかり頼っていると、馬を見る目が鍛えられない。勉強しながら、こういう馬はこうだとか、こういう特徴がある馬はこうだとか把握して、馬選びに関与していきたいですね。

一足先に開業した村田一誠君に続き、一緒に調教師試験の勉強をした西田雄一郎君や嘉藤貴之君も同じ日に開業しました。西田君は若くして調教師になるケースが多い中、僕と5つしか年が違わない「年配者」です。また嘉藤君は少し若いけれど田中清隆厩舎の所属だったので、デビュー当時からよく知っていました。また堀内岳志さんは、二ノ宮厩舎の調教助手だったので、ナカヤマフェスタで一緒にフランスの凱旋門賞へ行った仲間でした。

みなライバルには違いありませんが、かけがえのない同期。一緒に切磋琢磨していければいいと思っています。

＊5　クラブ　いわゆる〝一口馬主〟のクラブ。馬主法人が1頭の競走馬の権利を分割して出資募集する日本独特のシステム。有力クラブはオーナーランキングでも常に上位を占めている。

調教師としてのデビュー戦は7着

3月12日の阪神競馬場10レース飛鳥ステークスが蛯名正義厩舎の「初出走」でした。関東所属なのに、関西の競馬場だというのも「馬優先」ならではのこと。レッドアルマーダはすでに6歳でしたが、その時のキャリアはまだ10戦。デビュー前に骨折するなど、けっして順調な道のりを歩んできた馬ではありません。

素質はあったのですが、体質が弱くて3歳のうちに勝つことができず、初勝利をあげたのは4歳5月の新潟。そこから3連勝するのですが、その後は休み休みでしか使うことができませんでした。2月におよそ1年ぶりの競馬で3着、そして今回は7着でした。

パドックに出ていく時、テレビカメラは僕をアップで撮っているんだろうなと思いましたが、初出走だという特別な意識はありませんでした。池添謙一騎手とレース前にどういう話をしたらいいんだろう、こちらが考えていることを、押しつけではなく伝えなくてはと考えていました。厩舎としては、点ではなく線として考えているので、今回勝てなくても次につながるような競馬をしてほしいわけで、そういうことの伝え方も考えますね。

ただこの日は、僕よりも謙一の方が気にしているようでした。「蛯名さんの初出走だ」と思ってプレッシャーになっていたかもしれません。

レースは生き物だからその時の雰囲気とか流れによって判断しなければならない。僕があぁしろこうしろとは言ってもその通りにはならない。その馬の癖とか特長とかを伝えること。何より馬装がちゃんとしているかのチェック。これが調教師の仕事。あとはジョッキーの考えに任せます。

技術調教師の時もパドックに出ていきましたし、「いい競馬をしてほしい」というのは同じですけれど、これからは勝てば自分のところにお金が入ってくる。これは大きな違いです。

レースはわりと冷静に見ていました。いろいろな調教師がいて、机を叩きながら大声でジョッキーの名前を叫んでいる先生もいます。その辺は、ファンと変わりませんね。

レッドアルマーダはいいスタートを切って先行しましたが、直線でちょっと苦しくなった。でも一瞬差し返すような脚を見せて、頑張ってくれました。いい内容の競馬をしたなと思っています。

3月も半ばを過ぎましたが、なかなか初勝利をあげることができませんでした。思えば1987年、僕の新人ジョッキーとしての「初騎乗」は、15頭中の14着だったので、新人調教師として7着は悪くない。ジョッキーとして初めて掲示板に載ったのも9戦目でしたが、調教師としては4戦目で2着、僕も進歩したものです（笑）。

初勝利は同期でも遅い2か月後

JRAホームページには僕の「初勝利」として《2022年5月8日2回東京6日7Rバニシングポイント・延19頭目》と記されています。

バニシングポイントが勝ったのは、2歳8月の札幌新馬戦以来およそ1年9か月ぶり。その時は2着に7馬身差をつける強い勝ち方でした。暮れのGIホープフルステークスにも出走している期待馬でしたが、なかなか結果が出ませんでした。

古馬と走るようになった3歳6月からの10戦で2着が5回と、だいぶ復調してきた。藤沢和雄厩舎での技術研修でデビューからずっと見ていたので特徴をつかみつつありました。「我《が》」が強くて難しいけれど、おだてると調子に乗るタイプではないかと思っていて「やればできるぞ」と繰り返しささやいていました（笑）。

開業後の3月21日（月・祝）の中山競馬場の2000mでは、1番人気に支持されましたが9着。騎乗したクリストフ・ルメール騎手によれば、「長くいい脚を使うシーンがなかったけれど、広い競馬場ならば」ということでした。馬の気持ちが変わってきたということが見受けられていたので、何かきっかけさえあればと思っていました。

お父さんがタピットの外国産馬ですが、実はこの馬のお姉さんであるレリカリオには騎乗したことがあります。調教師として初めて勝った馬のお姉さんに騎乗したことがあるというのもジョッキー出身ならではでしょう。18年2月小倉の3歳未勝利戦。出遅れて大きく置かれ気味になりましたが、後半盛り返して6着でした。

初勝利したレースも先に抜け出した1番人気の馬を目標に、東京の長い直線で末脚を発揮してくれました。横山武史騎手が馬の持ち味をうまく活かしてくれたと思います。

これまで自問自答しながら調教してレースに出走させていましたが、一つ勝って、やっと調教師としてスタートを切ったなという感じです。ジョッキーの時と違って、1頭1頭との付き合いの密度が違います。1つ勝つのはそんなに簡単なことではないと思っていましたので、この馬が結果を出してくれたことは感慨深いですね。他にも多くの馬を預けていただいている長谷川祐司オーナーの馬であることもよかったと思いました。

レース自体は冷静に見ていましたが、GIデーだったこともあって、場内はけっこう盛り上がっていたようです。ウイナーズサークルでも、大勢のファンの方から「おめでとう」と声をかけていただきました。ちょっと照れくさかったけれど、本当にありがたいことです。

開業から2か月が過ぎていましたが、慎重な性格ゆえ、あまり数を使っていなかったので、勝てていないことはそれほど気にはしていないつもりでした。それでも注目されているのは分かっていましたし、多少プレッシャーにもなっていました。

元ジョッキー蛯名正義が調教師になったということで注目されていましたが、これからはいい馬をつくる厩舎、ということで注目されるようにならないといけないと決意を新たにしました。

第4章

厩舎稼業はつらいよ

厩舎の一日

我々にとって競馬場は、いわば日頃の成果を発表する舞台。ここでは、それ以外の日をどう過ごしているかお話しします。

関東の厩舎はすべて茨城県の霞ケ浦近くの美浦村にある「美浦トレーニング・センター」（以下トレセン）内にあります。ここに1周最大２０００mの馬場や、２０２３年秋に完成した全長１２００m、高低差33mの坂路調教コース、その他リラックスさせるための森林馬道やスイミングプール（馬のです）、そして１００棟以上の厩舎があります。詳しくはＪＲＡのホームページを見てください。施設案内の動画なんかもあります。競馬場へは、ここから馬運車で何頭か一緒に輸送します。

ちなみに関西のトレーニングセンターは滋賀県栗東市にあり、同じような設備概要です。ＪＲＡの所属馬は、このどちらかの厩舎で管理されていて、美浦ならば「関東馬」、栗東ならば「関西馬」です。

競馬が行なわれない日、我々がこのトレセンでどういう時間を過ごしているのか。

全休日（通常は月曜日）を除いて朝は6時、冬なら7時から馬場が開くので、スタッフはその2時間前ぐらいに厩舎に来て調教の打ち合わせや準備、ウォーミングアップなどをします。

僕はみんなが出揃った頃に顔を出して、まずは厩舎にいる馬たちに一通り挨拶して回ります。ジョッキー時代は、いろいろな厩舎で乗っていたので立ち寄ったついでに顔を見る程度。落ち着いて1頭1頭と向き合うことはなかったけれど、今はスタッフがいない時なども馬房の方を覗いて、何か変わったことはないかを観察します。

こちらに寄ってくる子もいれば、横になっている子もいる。そんな子には「いいから、寝てろ寝てろ」って言います。なかには噛みつこうとする子もいる。僕があれこれ指示して走らせているのだと分かっているのかもしれない（笑）。馬の「素」の姿を見ることで、自分の厩舎なんだという思いを噛みしめている感じです。

午前中は5時間ぐらい調教や運動をしていったん解散。その後に朝食（ブランチ？）です。騎手時代も調教師になってからも、食事はこの時と夜の1日2回です。朝が早いので、この時間に昼寝をしているスタッフも多いんじゃないかと思います。

で、午後は2時頃から5時頃まで軽い運動、馬体のチェックや厩舎作業です。また、週に1回、水曜日には全員でミーティングをします。せいぜい15分ぐらいですが、ちょっと気が付いたことや、念押ししておきたいことを話します。スタッフからの提案なども、なるほどと思えば、どうしたらいいのか話し合ったりします。

生き物が相手の仕事だから、勤務時間なんてあってないようなものだと思われているかもしれませんが、いまは世間と同じ1日7時間半労働、休日もしっかりとってもらいます。仕事の時間が終わったら、あとは別々ですね。何か特別な話し合いなどがない限りスタッフと一緒に食事をとることもない。オンとオフはきっちり分けています。

休日や競馬がある日などは交代で当番が出るけれど、夜は誰もいなくなります。誰かが厩舎に残ってゴソゴソやっていたら馬だって気になって休めないでしょう。本当にひっそりしていますよ。

トレセン全体が、外部の人の出入りをきちんとチェックしているし保安隊も見回っている。中にいるのは関係者だけというのが大前提。競馬に携わっている人に悪人はいないという性善説で成り立っている世界です。

ホースマンの1週間は火曜日から

みなさんの自宅にあるカレンダーのほとんどは、いちばん左が日曜日ですよね。日曜日にゆっくり休んで、月曜から「さあ仕事だ」という感じなのでしょう。

ところが、競馬関係のカレンダーは、ファン向けにつくられているものも含めて、だいたい一番左が月曜日、そして右が競馬の開催される土曜・日曜になっています。これはとりもなおさず、ホースマンが土日の開催をクライマックスに1週間単位で仕事をしているからです。

通常開催の翌日である月曜日は厩舎の全休日となっています。朝早く起きて厩舎に行かなくてもいい日。厩舎関係者の結婚式やパーティー、それからJRA賞の表彰式なんかもだいたい月曜日に行なわれます。

ジョッキー時代も1週間単位で、自分のルーティンが決まっていました。もっとも大事なのは体重の管理です。競馬が終わった日曜日の夜、つまり休日の前の晩は普通に食事をとっていいんだということで、少し解放感があります。それで火曜から調教が始まり、水曜、木曜と調教をして、金曜日の夜には「調整ルーム」に入って、外部との接触が禁じられます。

体重計には毎日乗りました。さすがに月曜日は少し増えていることもあるけれど、火曜、水曜と徐々にレースに向けて自分で体重を整えていきます。僕だけ食べるものが別というようなことではなく、「これは食べちゃいけないな」とか「ここまでにしておこう」とか調整していました。よく「内助の功」なんて言いますけど、妻はあまり気にしていなかったと思いますよ（笑）。家族に気を使わせたくなかったですしね。なかには子供が食べ盛りの時「お父さんが帰ってくる前に食べちゃいなさい」なんていう騎手の家庭もあるみたいですけど。

僕はあまり減量に苦労する方ではなかったけれど、ウィークデーは調整ルームの風呂やサウナに入り、週末に向けて動きやすい体に持って行くようにしていました。急な減量で体調を崩したりすると、馬に乗る時も危ないですからね。

調教師になってからは体重に気を使う必要はなくなりましたが、食事が一日2食というのは変わりません。食べ過ぎるとカラダのキレがよくないんです。

調教師にとって一番忙しいのは水曜日。レースに向けて最後の調整で時計を出す追いきりがあるし、その結果を判断しつつ馬主さんと連絡をとらなければならないし、報道への対応もあります。で、木曜日に出馬投票をして出走が確定すると、金曜日は最終調整です。馬だけではなく、人、つまり従業員のことも見なければいけなくなった。馬主さんや生産者とも気を使って付き合わなければいけないし、JRAとも事務的な折衝をしなければいけない。獣医さんや装蹄師さんとも綿密に連絡をとらなければいけない。

日曜日の朝も追いきりがあり、出走がある日は、それから競馬場に向かいます。競馬場では、出走の1時間前に装鞍所というところに行って馬体検査などを受け、運んできた鞍を着けるのが大きな仕事。パドックでは、ジョッキーが跨る前に、装備をしっかり確認します。

ジョッキー時代は何鞍も乗るから、レースが終わったらすぐ次へと切り替えなければいけなかったけれど、調教師は勝てなかった時など、何が悪かったのかといつまでもくよくよ考えています。

厩舎経営はお金がかかります

日本競馬の賞金レベルは世界一です。ＪＲＡならば3歳未勝利戦でも1着が５５０万円、古馬最下級条件の1勝クラスでも８００万円。重賞にもなれば何千万円、もっとも高いジャパンカップと有馬記念は5億円です。しかも勝った馬だけではなく、普通のレースだと9着まで、オープンクラス以上だと10着まで賞金が出ます。1着賞金が1億円のＧＩなら、5着でも１０００万円です。

そのうち馬主さんが80％、「進上金」としてジョッキーと厩務員が5％ずつ、そして調教師は10％をいただくことになっています。有馬記念でも勝てば、2分30秒ぐらいの間に５０００万円——そんなことで、とても夢のある職業ではありますが、新米調教師の僕にとっては、まだまだ遠い世界の話です。

そもそも調教師は、月々決まった給料をいただいていません。調教助手や厩務員などスタッフの給料は、馬の飼い葉代などと一緒に馬主さんからいただく預託料に人件費として含まれていますが、調教師の分は入っていない。収入はレースの進上金だけです。自宅と厩舎と競馬場を行ったり来たりしているだけなので、お金を使う時はあまりないと言えばないのですが、なかなか厳しいです。

厩舎の建物はＪＲＡから家賃を払って借ります。敷地代はもちろん、馬房、大仲《おおなか》（従業員が休憩したり打ち合わせしたりする部屋）や、洗い場などの分まで払っています。もちろん電気、ガス、水道や冬場に使うストーブの灯油などのランニングコストもかかる。新しい寝藁の仕入れと汚れた寝藁の処理代にもお金がかかる。ここのところ世間並みに値上げの波をかぶってしまって、飼料なども上がっているのですが、だからといってすぐに預託料を上げるわけにはいかないので、時にはマイナスになってしまうこともあります。

厩舎開業も、いわば会社を起こすようなものですから、あれこれ初期費用がかかりました。

幸い僕のところは入れ替わりで引退された藤沢和雄先生のところで使っていた鞍や馬具、それからミーティングの時に使うテーブルやホワイトボード、冷蔵庫なんかもいただいてだいぶ助かりました。それでも新しい厩舎だったので、たとえば夏場のことを考えると各馬房に扇風機を入れたりしました。僕はまだジョッキー時代の蓄えがあったからよかったけれど、借金して開業する新人調教師もいます。

遠征する馬の輸送費はＪＲＡが負担するし、同行する厩務員の分は決まった額を馬主さんに請求できるのですが、僕自身が関西の競馬場へ行く時の交通費などは自腹です。また、たとえば２場に出走があって、どちらかに調教助手が行かなければいけない場合も、調教師の代理ということになるので、その分も請求できません。もちろん、北海道の牧場に馬の様子を見に行ったりする費用も自腹です。

なお、馬主さんへの預託料請求といった仕事は、厩舎によっては経理専門の人を雇っているところもありますが、蛯名厩舎では経理経験者の協力をいただきながら、妻が担当しています。つまり妻は厩舎にとって、信頼できるスタッフの一員というわけです。

お金の面まで僕が見て、いろいろ考えるようになると、それがローテーションに影響しないとも限らない。もちろん馬本位という姿勢は変わりませんが、僕は馬だけを見るようにした方がいいので、頼むことにしました。

余談ですが、妻はかつてテレビ東京の競馬番組のキャスターでした。僕がジョッキーだった時は、応援してくれたりケガの心配をしてくれたりしましたが、あまり仕事の話をしませんでした。意識的に口出しすべきではないと思っていたのでしょうか。でも、引退して調教師になってからは、厩舎の馬のことやスタッフのことなど、いろいろ聞いてくるようになった。そういう意味でいえば、夫婦で会話する時間は長くなりました。

昨年18勝しましたが、もっとも賞金が高かったのがGⅡの京王杯スプリングカップで、調教師にはその1割の590万円。少しは助かりましたが、年間の収入ではジョッキーとしてデビューした数年後とほぼ同じです。その当時と同じ気持ちになって頑張りなさいということなのでしょう。

「頑張っている」感覚の違い

JRAのホームページによれば、馬主さんが愛馬を厩舎に預ける際の預託料は厩舎によって異なるものの「1頭1か月70万円程度」とあります。馬を持つにはお金がかかるということを実感しますよね。

そんな競走馬を預かる調教師としての責任はとても重いと自覚していますし、一頭の馬が入厩してからレースを使うことができるようになるまで、本当に大変だなと実感しています。

ジョッキー時代は、自らのトレーニングはもちろん、体重管理のための節制をし、朝早くから調教に騎乗し、開催の前日から調整ルームに入り、レース当日はパドックで大勢の人に注目され、騎乗合図がかかると走って馬に駆け寄った。そうして地下馬道から本馬場に出て返し馬をやっていくうちに、気持ちも高ぶってきて、スタート前の緊張感に身を置いてスタートを待つ。レースでは冷静でいながら、アドレナリンを出しまくって、直線では目一杯体を使って馬を追う。勝った時は、観衆の祝福に応えて喜びを表わすし、勝利騎手インタビューでは、感謝の気持ちを伝えました。

一日に何鞍も乗って、暑い時には汗水流して泥をかぶって「働いている」実感や充実感がありました。馬が頑張ってくれたり、うまく乗れたと思って結果が出たりすれば満足感もあって、それだけお金も入ってきた。

もちろん調教師になっても朝は早くから厩舎に出ているし、普段も馬のことばかり考えていて、その状態に細心の注意を払って「頑張っている」つもりなのですが、いざレースになれば頑張れ頑張れって言うしかなくて。なんていうか……これまでプレーヤーの経験しかなかったので、管理馬やレースをスタンドで見ているということ自体、身の置き場がない感じです。馬にとっては晴れ舞台でも、自分自身がそれほど体を動かしているわけでもなく、汗も流していない。不思議な感覚です。職種が変わるというのはこういうことなのでしょうか。

それでもやはり稼がなくてはなりません。たとえば2勝クラスの特別レースだと1着賞金は1550万円、9着でもその3％だから46・5万円。進上金はその1割だから4万6500円です。たとえハナ差でも10着だったらゼロ。9着になるのと10着でこれだけの差がある。レースの進上金は自分だけでなく、厩舎スタッフの収入にも関わるので、その点も責任があります。

レースを見る時は、競馬ファンと同じような気持ちで応援します。でも、勝ち負けには遠いなあと思った時は、せめて少しでも賞金をもらえること、つまり条件戦なら9着までに入ってくれと祈るような気持ち。ゴールした時、後ろに何頭いるかで、着順を確認してしまいます（笑）。2分やそこらでこれだけ入るのならいいじゃないかと思われるかもしれませんが、その2分のために1か月以上も前から出走するレースに向けて、毎日調整しているわけです。

日々そうしているうちに調教師としての「頑張っている」感が分かってくるような気がしています。

6月、競馬界は新しいシーズンに

新人ジョッキーがデビューし、新たに厩舎が開業する3月がホースマンの新学期なら、6月は主役である馬たちの新学期ということになります。ダービーが終わると、すぐに2歳戦が始まります。つまり翌年のクラシック戦線のスタートというわけです。

厩舎にも2歳馬が入ってきて、新鮮な気分になります。厩舎だけではなく、牧場も出産や種付けが一通り終わって、7月から始まる1歳馬――再来年のクラシックを目指す馬――のセリの準備なども本格的になる。まだ安田記念や宝塚記念があるけれど、日本の競馬はクラシック、とくにダービーを中心に回っているということです。

北海道シリーズも始まります。僕の厩舎は美浦を拠点にして、馬の状態に合わせて新潟へ行ったり、あるいは函館に連れて行ったりと臨機応変に考えています。北海道へ連れて行くにしても1か月ずっと滞在することもあれば、2週間だけのこともあるかもしれない。北海道は涼しいし、滞在競馬は体重が減りやすい馬や空気や芝が合う馬にはいいけれど、やはり競馬場よりトレセンのコースで調教した方がいい馬もいます。

開業1年目は藤沢和雄厩舎から引き継いだ馬たちが主流でしたが、2年目からは僕自身がセリで選んだ馬もいるので、自分で「色」をつけていくことになりました。

どういうふうに調教していくべきか一から考えなければいけない。おとなしくて能力があって走ってくれるのが一番いいのですが、なかなかそうはいかないものです。どこかに癖があったり、わがままだったりして難しい。そういう馬は難しいところを出さないような調教をする。でも、その難しいところをまったく消してしまうと馬の個性がなくなるから、マイルドにするという感じでしょうか。自分を主張する気持ちがあるのは大事なことだけど、それをどこまで許容するか、ですね。

一方おとなしい馬は、こちらの思う通りに調教過程を踏むことができるので、入り口で間違ってしまうと、どんどん間違った方向にいってしまうことがある。うまくいっていると思っていても、馬はじっと耐えて嫌で嫌でしょうがないと思っているかもしれない。あるいは、おとなしいんじゃなくて、あまり走ることに前向きじゃないのかもしれない。そういうのはレースになってみないと分からないところがあります。

まだまだ子供で体力的に足りないところもある馬は、走りそうだからとオーバーワークにならないようにしなければならない。特に梅雨に入って馬場が悪くなるのがやっかい。2歳馬は疲れが残りやすくなります。

こういう話になると、馬がしゃべることができればいいなんて言う人がいるけれど、馬がしゃべったら僕たちの商売は成り立たなくなっちゃうかもしれません。「オレを走らせるんじゃない！」って騒いだり、「調教休みたい」って反抗したり、「うまいモノ食べさせろ」とか要求したり（笑）。にんじんと飼い葉くらいで黙って真面目に走ってくれるんだから、とても健気な動物です。

牝馬の方が勇敢で頼りになる

2022年の蛯名正義厩舎の2歳馬で注目されたのはアスパルディーコでした。09年のデビューから19戦のうち18回も僕が騎乗して7勝、うち3歳牝馬三冠を始めGⅠ5勝という成績を残してくれたアパパネの子。母親になってからも第4子にあたるアカイトリノムスメが秋華賞で母娘GⅠ馬になっています。

アスパルディーコはその2つ下の妹で父親はブラックタイド。バスク語で「長らく会っていなかった友人に会う喜び」という意味だそうで、母娘とも託していただいた金子真人オーナーにはとても感謝しています。

初めて会った時、アパパネに似たオーラを感じました。ああ、みんなにかわいがられて育ったんだな、と。実際かわいいんですけど、人間によく触られているんだろうという印象。でもおとなしいだけじゃなくて、気持ちの強いお嬢さまという感じです。僕もちょっと乗ってみましたが、本当に雰囲気のある馬でした。

今年の3歳牝馬では、父が無敗の三冠馬ジャスティファイ、母のローリーポーリーもヨーロッパでGⅠを3勝しているというローリーグローリーが注目を集めていました。こちらも、どっしりと落ち着いていて、いかにも良血馬といった印象でした。

新馬戦は中山の1200mで少し忙しかったけれど最後はしっかり伸びてきて2着。2戦目の東京1400mでは、スタートがもう一つでしたが二の脚が速く、2着馬が並んできても最後まで交わさせず、しぶとく走ってくれました。まだまだ若さを見せながらの走りでしたが、これからが楽しみです。デビューから2戦はダートでしたが、機会があれば芝も使ってみたいと思っています。

新馬戦は馬同士が初めて顔を合わせるのですが、だいたい牡馬は意気地なしで牝馬が勇敢ですね。もちろん気にしない馬もいるけれど、パドックとかでヒンヒン鳴いているのも牡馬が多い。それでいて、牝馬にちょっかい出してみようかとか、よこしまなことを考えたりしている。

自然の群れの中では年をとった牝馬が一番先頭を走るといわれている。これまでの経験値があるので、肉食動物に襲われないように、いつも目を凝らしているようです。いざという時は仲間の馬たちを誘導していかなくちゃいけないという危険察知能力なのかもしれません。

調教などでも牡馬の方が扱いにくいケースが多いけれど、付き合っていくうちになんとか指示に従うようになってくる。ところが、こちらを手こずらせるような牝馬は、もうどうにもならない。人間も一緒、哺乳類はみんなそうなんじゃないですか。僕なんかずっと手こずりっぱなしです。
そんな相手には妥協と忍耐、けっして上から目線で相対したりしません。下から下から、女王様に対するように接します……あ、馬の話ですよ！

3歳未勝利馬の正念場

6月になると、午後最初のレースはだいたい2歳馬による新馬戦（メイクデビュー）。翌春のクラシックを目指す若駒がフレッシュな雰囲気を醸し出しています。強い勝ちっぷりで早くも大器と目されている馬もいますが、たとえ初戦で結果が出なくても、レース内容に見るべきものがあれば、次走以降への期待も高まりますし、問題が見つかればじっくり立て直すこともできます。

一方、まだ一つも勝っていない3歳馬はのんびりしていられません。「3歳未勝利戦」が組まれているのは9月の第1週までで、あと2か月ほどしかない。

開業初年度は藤沢和雄厩舎から引き継いだこともあって、この時期の3歳未勝利馬は1頭だけ。その馬も無事9月の未勝利戦に勝ってくれたので、勝ち上がることができなかった3歳馬はいませんでした。

しかし2年目は3歳馬を20頭以上、デビューから預からせていただきました。なかにはセリで1億円近くした馬や、素晴らしい良血馬、クラブの看板馬などもいます。まず一つ勝たせるというのは、調教師として最低限の責任。僕を信頼して預けていただいたのだから、何とか期待に応えなければと日夜頭と体を動かしています。

ジョッキー時代、騎乗依頼をいただきながら結果が出せなかった馬については、ダートがいいのではないかとか、長い距離がよさそうという適性だけでなく、まだ成長途上なので思い切って休ませることも必要だというような提案をすることもありました。しかし、それはあくまで関係者の一員としての意見。調教師はジョッキーの意見だけでなく、オーナーの希望やスタッフの考えも加味して総合的に判断し、そのことに責任を持たなければなりません。

出走させるからには調教過程も体調も万全、自信を持って送り出しているのですが、こちらの目論見通りに結果が出ることは少ないものです。特にこの時期は天候も不安定。言い訳になるかもしれませんが、芝で軽い走りをする馬は重馬場が合わなかったり、逆にパワフルな走りをする馬が、脚抜きのいい馬場でスピード勝負になってしまったりすることがあります。調教の効果が出てパドックでは落ち着いていたのに、ゲートに入った時に隣の馬が暴れていたのに気をとられてスタートがうまく切れなかったりというケースや、3コーナーまで気分よく走っていながら、勝負どころでスピードアップした時についていけなくなったりすることもありました。

ＪＲＡに登録する馬の数が増えてきたこともあり、特にこの時期はまず3歳未勝利戦に出走させるのが一苦労です。5着以内に入れば一定期間内は次走の優先出走権が与えられますが、レース後の疲労が著しかったり、調子が今一つだったりすることもある。権利があるからといって、無理に出走させるわけにはいかないですよね。6着以下だったりすると、次に出走できるまで1か月以上間が空いてしまうこともあるし、勝ち馬から大きく離されると、「タイムオーバー」で、長期間出走できなくなることもあります。さらに3レース続けて9着以下だった馬は2か月間もレースに出走できません。俗に言う「スリーノックダウン制」で、この時期だともう進退を考えざるを得ません。

3歳未勝利馬をいかにして勝たせるか

時代の流れで、いかに早く勝たせるかが問われるようになりました。限られた期間内で結果を出すために、調教過程を組み立てていくしかない。体質が弱かったり、成長がちょっと遅れていたりする馬は勝ちづらくなってきました。

そういう場合は中央登録を抹消して地方競馬に活躍の場を移すというのもあるけれど、成長して通用すると思えば未勝利馬のまま残して4歳になってからローカルで走らせるという道もあります。ただし、その分馬主さんには負担をかけてしまうので、そのこともきっちり説明させていただいて、判断を仰ぐことになります。

どこの厩舎もここにきて必勝態勢なので、未勝利戦とは思えないような強い馬に当たることもあります。総じて何度走っても勝てない馬より、体質などの関係でデビューが遅かった馬の方が勝ち上がり率は高いような印象です。

ジョッキー時代、この時期になると3歳未勝利馬を管理している調教師から「この馬何とか勝たせられないかな」という相談が何度か持ち込まれました。これまで乗っていた騎手を下ろす決意をしてまで依頼してくれたからには、自分で考えて何とかしなければならないと思います。

過去のVTRを見る場合もありましたが、この頃になると同じレースで見ている馬も多いし、そういう依頼をしてくる馬はけっこう上位に来ているはずで、印象に残っているものです。だから、今後対戦する可能性もあるわけで、弱点は何だろうとかも考えていますから、乗ることになったらその部分を補えばいい。

もちろん、僕が乗ったからといってすぐに勝てるわけではないけれど、やはりいろいろな馬に乗っている経験値がある分、引き出しも多かったと思います。

毎年微妙に違いがあるものの、中央競馬では1世代で1勝できる馬がだいたい3割強と言われていますが、管理する側としては1頭残らず勝ち上がってほしいと思いながら調教を行なっています。

未勝利馬1頭1頭については、それぞれの馬に合った〝未勝利脱出策〟を講じます。また、未勝利馬でも体調が整わなければ無理に出走させることはできません。惜しいレースが続いていたり、デビューが遅れたりした馬は、そのまま中央に置いておくということもあります。

なお、今年からはローカルでなくても、未勝利馬が1勝クラスに出走できるようになりました。ハードルは高いですが、能力さえあれば勝ち上がることができます。晩成型の馬には朗報ですね。

それでも勝てなければ、地方競馬に転厩することもあります。勝ち星を重ねれば、また戻ってくることもありますし、地方競馬の方がその馬にとって良いと判断されれば、そのまま地方で走り続けます。残念ながら勝たせてあげることができなかった馬が、地方で一つでも勝つとホッとします。

〝出戻り馬〟もきっかけ一つで活躍できる

地方競馬で3歳時に2勝、4歳以上だったら3勝すれば、中央に戻ってくる資格を得られます。

能力があるけれど、脚元がしっかりしていなくてコンスタントに使えなかったり、馬体の成長が遅かったりした馬は、地方のレースを経験して逞しくなっていくことがあります。

藤沢和雄厩舎からの転厩馬のうち3頭の4歳馬は少し変わった経歴でした。他の厩舎で中央デビューしたものの結果を出すことができず、未勝利のまま地方のホッカイドウ競馬に転出。中央に復帰するための規定の勝利をあげ、馬主さんの希望により藤沢厩舎で預かることになったのです。

共通しているのは、3歳の早い時期に地方競馬へ出したこと。中央の3歳未勝利戦で惜敗していた馬が地方へ移籍してからだと強い馬が揃ってくる。馬主さんは、3歳未勝利戦がなくなる8月末ギリギリまで中央で走ってほしいと思うでしょうが、ある程度早い時期に区切りをつけて再スタートすることも一つの手でしょう。藤沢先生は地方で成長を促せば何とかなると感じるものがあったのかもしれません。その判断は調教師にとって重要なミッションです。

ただし地方で連勝したといっても中央とはレベルが違うので、再入厩しても最下級条件の1勝クラスでさえ勝ち負けになることは難しいものですが、前出の3歳馬のうちの1頭は3歳の4月にホッカイドウ競馬へ転出。3連勝して3歳6月に再登録されてから中央でも3連勝してオープンにまで出世しました。

こういうことは極めて稀で、この馬にとって何がよかったのかは分からない。中央で走っていた時は別の厩舎だったので、どういう状態だったか分からないし、強い馬、好調な馬が相手だったのかもしれないし、馬場が合わなかったのかもしれない。そんなことで負け癖がついていてちょっと腐っていたけれど、地方で少し楽な相手と走って勝ったら、よかったよかったって褒めてもらっていい気分になって、オレはもっと自信もっていいんだなって思うようになって——まあ、これぱかりは馬がそう言っていたわけではないんだけど（笑）、人間もそういうところ、あるじゃないですか。分かったのは、馬も人間もあきらめちゃいけないということなのかもしれません。

海外競馬へも挑戦したい

2023年2月25日のサウジカップデーは、僕も深夜のグリーンチャンネルに釘付けになって応援しました。メインのGⅠサウジカップ、パンサラッサの逃げにはしびれました。1着賞金が13億円！　なんとも夢のあるレースですよね。

あそこに辿り着くまでは、これまでの経験や綿密な調査、そしてそれに合わせた馬の調整など大変だったと思います。関係者の方々には心よりお祝いを申し上げたいと思います。他にも福永祐一騎手の異国でのラストランや、僕よりも年上の柴田善臣騎手のダートスプリントへの挑戦など、いろいろな意味でとても刺激を受けました。

今後調教師としては、チャンスがあったら海外のレースにも参戦していきたいと思っています。やはり高額賞金は魅力。僕を信頼して預けてくださっている馬主さんに少しでも多く稼いでもらいたい。

「日本でGIを勝ったから行く」というだけではなく、「海外の方が合うかもしれない」などいろいろ柔軟に考えられたらいいですね。もちろん、その馬のレーティング（＊6）や、選ばれなければならないという問題もあります。

特に春はドバイだけでなく、香港やオーストラリアもあります。なにより、日本馬は僕のジョッキー時代よりはるかにレベルアップしています。サウジカップを勝ったパンサラッサも日本のGIを勝ったことはないんですよね。そう考えると、海外の方が相手関係も有利とか、選択肢が多岐にわたっているのかもしれない。そういう時代に来ているのだと思います。

ジョッキー時代に行ったことがないドバイやサウジアラビアにも、チャンスがあれば、挑戦してみたいと思っています。

＊6　レーティング　競走馬の能力を示す客観的な指標となるもので、着差・負担重量などをもとに、国際的に統一された基準により数値化したもの。

「調教」とは何かを日々自問自答

開業してから、朝から夕方まではずっと厩舎にいるのでとにかく1日が長いですね。馬をつくるのは人。人の気持ちが安定していないと、馬にも伝わってしまう。みんながすっきりして意欲的に仕事をしていけば、馬も応えてくれるんじゃないかと思います。みんなで馬のことを考えて、みんなでいい競馬をしよう、みんなでお金を稼ごうよ、と。

調教に関しては、これで本当にいいのかなと考えてやっています。いままでいいと思ってきたことでも、もう一度「本当にこれでいいのか」と考えることが大事なのではないでしょうか。慣れてきて当たり前のことを当たり前にやって、考えなくなってしまうのがいけないのではないか、分かったつもりになっているのが一番まずいのではないかとか。その気持ちを何年たっても持ち続けられるかとか自問自答しています。

サラブレッドは持って生まれた能力が絶対、とくにスピードに関しては天性のものと言っていいと思います。調教によって手前の替え方がスムーズになったりして走破タイムがよくなることはありますが、基本的なスピード能力が上がるわけではない。ポテンシャルは人間の力では変えられないと言われています。

調教によってスタミナはついていきますが、それによって故障するリスクが高くなる可能性があります。アスリートがトレーニングする時は「限界に挑戦」などといいますが、競走馬はギリギリまで攻めるとろくなことにならない。そもそもどこがギリギリなのかなんて人間には分からない。まだ余裕がある腹八分目くらいがいいっていうのは本当にその通り。あちらを立てればこちらが立たず、こちらを立てればあちらが立たずというところのせめぎあいなのです。

しかし弱点・欠点と言われていることが、実はその馬の強みになっていくこともあるので、「直す」ことばかりを考えているわけではありません。

たとえば折り合いがつきにくい「気のいい馬」については、丹念に調教して直していったら従順になって、ある程度成績が伸びるかもしれない。けれども、人間の言うことを素直に聞かないという面があるから、闘争心ともいえる「火」が消えずに残っているのかもしれないのです。乗馬のように人間の言うことを聞いていればいいというのでは、速く走らなくなってしまうかもしれないのです。

火といっても種火かもしれないけれども、消してしまってはいけないような気がする。極端に言うと、どこかで爆発するかもしれないという可能性は残しておきたいですね。全部言うことを聞かせちゃったら、走らせたい時に火がつかなくなっちゃう。行儀の良さがどこまでかっていうところ。パッと火を大きくすることもできるような状況にしておかなくちゃいけないと感じています。

人間も同じでしょう。おとなしくて親や教師の言うことをなんでもハイハイと聞いているような子は、扱いやすいかもしれないけれど、何か物足りないと感じること、ありませんか？　もちろん、おとなしくてそれで走ってくれる子が一番いいんですけど、なかなかそういう子には出会えません。

1頭1頭性格も、持っている能力も違うから、それぞれに合わせていかなければならない。あまりギュッと四角い箱に入れてしまうと反発して、よかった部分が消されてしまったり、さらに言うことを聞かなくなるタイプもいるということです。

うまく伝えられないかもしれませんが、「個性を消さない」とでもいうのでしょうか。普段うるさくて、それでもレースで結果を出してくる馬が、妙におとなしかったりすると「あれ、今日はどうしたのかな」と様子を観察する意識を持っています。

ずっと馬を下から見る勉強をしていましたが、開業した1か月後ぐらいの時に軽い運動だけ乗ってみたことがありました。

ところが翌日ひどい筋肉痛になりました。もう馬乗りとしては終わっているなと思いましたよ（笑）。ただ乗って歩いただけなのに、なぜこんなに体が痛いんだ！　運動だから馬だってリラックスしているし、おとなしかったので、そんなに力を入れているわけでもない。それなのに内股とか張っちゃって、自分でびっくりしましたし、情けない。いやあ、馬乗りって本当にすごいんだなと思いました。

可能性が広がった、競走馬のセカンドキャリア

プロ野球シーズンが終わると選手たちの「進退」が話題になります。十分やり切って引退という選手もいれば、戦力外通告を受けても「まだまだやれる」と他の球団からのオファーを待っている選手もいますよね。

中央競馬では、レースで結果を出せなくなると、やむを得ず「次」の道に進まなければなりません。中央の登録を抹消して地方競馬という新たな舞台でもう一旗揚げようという馬、乗馬用の馬として新たなトレーニングを始める馬、あるいはお母さんになる準備をする馬などさまざまです。

かつて競馬を引退した馬の行き先は曖昧なケースが多かったのですが、近年はセカンドキャリアへのケアも整いつつあります。

蛯名厩舎にいた馬も、新たな〝馬生〟を歩みだしています。かつて面倒を見たことのあるスタッフなどは、その行く末が気になるのでしょう。地方競馬で勝ち上がったり、上位争いをしていたりすると、嬉しそうに知らせてくれます。中央競馬の制約がないところで、

素質を開花させる馬もいるかもしれません。

馬主さんにしてみれば、愛馬は我が子同然の存在。競走成績にかかわらず、引退後のこともいろいろ考えていただいています。とはいえ、手元に置いておくわけにもいかないし、まだまだ元気ではあるので、手放してからもできるだけのことはしてあげたいと思うものです。

それは僕ら厩舎人も同じで、馬主さんから相談されれば、いろいろな伝手をたどって、かわいがってくれそうな乗馬クラブなどを紹介します。そのためにも日頃から人間の言うことをきちんと聞いてくれるように調教しなければならないわけです。あまりうるさい馬だと、敬遠されてしまう。初心者が乗っても大丈夫なほどおとなしい馬だと、「助かっています」などと言われ、ホッと胸をなでおろします。馬で生活をさせてもらっているのですから、そういうところまで考えないといけない。

そんな中から、乗馬の世界で頭角を現わしてくる馬もいます。賞金の出る引退競走馬杯（＊7）なんていう大会もありますし、競馬学校に引き取られれば、若い騎手候補生のいい先生になります。

重賞を勝っていたり見栄えのする馬体だったりすると、競馬場の誘導馬として声がかかることもあります。藤沢和雄厩舎のゴーフォザサミットは2017年のデビュー戦から私が騎乗、3歳4月には青葉賞を勝ってダービーに連れて行ってくれました。そして21年2月28日、騎手として最後に騎乗した思い出深い馬です。さらに翌年には、藤沢先生の引退をも見送ってくれました。その後は蛯名厩舎開業時の管理馬になりましたが、5戦した後、7歳だったこともあって引退させました。とてもおとなしい馬だったのがよかったのか、中京競馬場で誘導馬になっています。機会があったらぜひ旧交を温めたいと思います（笑）。

高齢化社会は人間だけの課題ではありません。管理馬と向き合いながらも、時々、昔共にレースを走った馬たちのセカンドライフについても思いを馳せています。

＊7　引退競走馬杯　競走馬登録されていたサラブレッドが引退し、リトレーニング後に乗用馬として用途変更した際、条件を満たした時に出場できる馬術競技。全国乗馬倶楽部振興協会主催。

第5章

競馬はとっても面白い

上手に「歩ける」馬こそが速い馬

この章では、競馬を長く楽しんでいただくために、競馬の面白さ、奥深さについて話を進めます。

もちろん、馬がかわいいから観ているだけでいいという方もいるでしょうが、やはり馬券を当ててこそ、でしょう。もっとも僕は馬券を買ったことがないし、調教師は「予想行為」が禁止されているので、具体的なことは差し控えます。

しかも予想の仕方で、これが一番！　などというものもありません。それでも僕ら厩舎人が何を考え、何を拠り所にしているのかは知っておいて損がないと思います。

レースはやはり競馬場に足を運んで、間近で味わっていただきたいものです。

レースの前に出走馬はパドックを周回して、どういう状態なのかをお客さんに見せます。「見ても分からない」という方も多いのですが、レース直前の馬が10分以上も目の前を歩くのですから、見た方がいいと思います。

じっと見ていれば、まず馬によって違いがあるのに気がつくでしょう。それがそのレースの結果に直結するかどうかは分かりませんが、その馬のことが分かるのは間違いない。僕もパドックでは自分の厩舎の馬をじっくり観察します。

馬乗りをやっていた僕が調教師になって強く思うのは「常歩」（「なみあし」と読みます）の大切さ。英語ではＷａｌｋ、つまり歩くこと。この基礎ができていない馬は応用ができない。いかにちゃんとした常歩ができるかというのが大事。パドックはそれを見る場といってもいいくらいです。

ただ歩くだけなんて簡単じゃないかと思われるかもしれないけれど、人間だって年をとってくると背中が丸まってトボトボ歩く感じになる。足が上がっていないと躓《つまず》くことがあるでしょう。競走馬の場合でいえば、力が入りすぎていたり、入れ込んで速歩（はやあし）気味になったり、歩幅が小さかったりする馬がいたりします。

いい歩き方をする馬は、リラックスしながらも一歩一歩しっかり脚が出ているし、姿勢もきっちりしている。けっしてのんびり歩いているわけじゃない。「これからレースなんだ」ということが分かっていて、気を引き締めている感じで、見た目がギクシャクしていない。見ていると力強さと共にいい緊張感が伝わってくるはずです。

ゆっくり歩くのは難しいんです。馬は速く歩きたい。その方が楽なんです。ゆっくりゆったり動くって人間でも難しいでしょう。言うなれば太極拳みたいな動きです。ゆっくりだからできそうだけど、バランスをとらなければいけない。

馬が動く時の〝エンジン〟は後ろにあります。後ろ脚が動かないと前が動かない、腿も背中も首も大事。全部が動いていい常歩ができる。後ろ脚がぐいぐい出て、それをハミで受けて収縮していれば弾けます。いい常歩ができないと〝エンジン〟の駆動が前脚にも伝わらないのです。

蛯名正義厩舎では調教の最後に逍遥《しょうよう》馬道という森林の中の散歩道で、じっくり歩かせます。調教の後というのは比較的落ち着いていますけど、たまにカッカしている馬もいる。あるいはまだ背中が弱いから除外したくなることもあるけれど、主導権を馬に持たせて安全ばかり考えていても強い馬はつくれない。馬が出しているメッセージをくみ取るところはくみ取りつつ、どうすればいいか考える。そこは難しいところです。

いい常歩を30分もやったら運動としてもかなり違いが出てきます。いい常歩ができない馬は速く走ることができないと思っています。

「返し馬」はジョッキーにとって大切なひととき

「返し馬」というのは、本馬場に入場してきた馬がコースを走るウォーミングアップのこと。それまでパドックを常歩で周回していた馬が本馬場を走るこの時間は、ジョッキーにとってとても意味のある時間です。

騎乗したことがある馬だったら、以前とくらべてどうかと考えます。以前好走したならば、この前はどっしり落ち着いていたけれど、今日はちょっとイライラしているなあとか、逆に凡走していたなら、この前より走り方がだいぶスムーズになったなとか。

テン乗り（初騎乗）の時は、返し馬でその馬の情報を確認します。調教師にクセを聞いたりVTRを観たりしているけれど、実際に馬の背でそれを確かめるわけです。

ちょっと反応が鈍いと聞いていたなら、馬場に入って強めに追ってみる。ジョッキーの意に反して行きたがってしまう掛かりグセがあると言われたら、どの程度なのか馬の様子を確かめてみるかもしれない。なるほど内にもたれ気味だなあとか、逆に我慢できているので、タメればいい脚を使いそうだとか、とにかくその馬の特徴を摑もうとする。どんな返し馬をしているにせよ、ジョッキーは、その馬の情報を鞍上から摑もうとしているんです。

たとえば他の馬が走り出したのに、なかなかゴーサインを出さないで誘導馬の後ろを歩いている（歩かせている）馬は、他の馬に合わせて走らせると掛かってしまう可能性があるか、他の馬を気にするタイプなのかもしれない。

口を割ってジョッキーが立ち上がらんばかりにして抑えている返し馬を見ますが、もちろんいいことではない。ただし、それによってジョッキーが「なるほどこういう馬か」と確認できたかもしれない。ならば無理に抑えないで、馬がやりたいようにしようかなどと考えます。

そういう性格はスタッフが「怖がりなところがあるので」とか「他馬を気にするので」とか新聞でコメントしていることがあります。逆にいかにも気持ちよさそうに走っている馬は、ジョッキーが何度か乗っていて「手の内に入れている」ということなのでしょう。

調教師からは返し馬についての指示はあまりなかったけれど、ちょっと固めなので長くやってほぐしてほしいとか、引っ掛かるので軽く、あるいは気合が足りないから強めにといったことを言われたことはありました。

僕も調教師として細かい指示は出しませんけど、馬が変わってきたことを伝えることがあります。2022年5月にバニシングポイントが厩舎初勝利をあげてくれた時もそうでした。横山武史騎手は前に乗った時7着で、あまりいいイメージを持っていなかったはず。だから、今回は「よくなっているよ、自信を持って乗ってくれていい」と伝えました。彼は返し馬でそれを確かめてじっくり足をタメ、直線で前を捉える好騎乗につながったのだと思います。

新馬戦などでの返し馬は一斉に走り出すので目移りしてしまうかもしれませんが、気持ちよさそうに走っている馬がいたら、その結果を確認してみるのもいいのではないでしょうか。

「返し馬」は馬券検討に活かせるのか

テレビの競馬中継では、返し馬をじっくり放送することはないので、これを見られるのは競馬場へ行った人だけの特権です。実際に走る姿が見られるのだから、間違いなく見た方がいいと思います。馬券の発売締切まであまり時間がないけれど、今はコース前にいながらネットで買うこともできますしね。

では、返し馬をどう見ればいいでしょうか。

競馬予想は過去の記録からその馬の傾向を読み取る一方、記録には表われない記憶が重視されるゲームのようなところがあります。なので、その馬の前走の返し馬の様子がどんな感じで、どんな結果だったかを比較していければ、こんなに頼りになるデータはない。大事なお金を賭けて馬券をずっと買い続けていくつもりなら、自分の印象というデータを積み重ねていくことは武器になるでしょう。「あれ、この前勝った時（負けた時）とは違うな」と気づけば、それは馬券検討の重要なファクターになるはずです。師匠の藤沢和雄先生も「調教師は記憶の勝負だと実感することがある」とおっしゃっていました。

もちろん競馬場にいてもすべての馬の返し馬を見ることはできない。それでもパドックで気になった馬や、ずっと追いかけている馬、もちろん個人的にファンだという馬なら見続けてはいかがでしょう。競走馬についてはとにかく点ではなく線で見てみること。重賞クラスの馬だけでも見続けてみれば（何らかの形で記録しておけばなおさら）自分だけのデータベースになります。

僕らは勝つために自分が管理する馬を日々じっくり観察し、体調の推移について把握しています。ファンはその結果をまずパドックや返し馬で見て、さらにレース結果を踏まえて馬のことを知ってほしい。いろいろな厩舎の馬を知って比較することが、ギャンブルでの〝勝利〟につながるのではないでしょうか。

パドックではちょっと落ち着きがなかったけど、馬場に出たら堂々として、沈み込むようないいフォームで走り出したりするかもしれません。その馬はきっと狭苦しいパドックが好きじゃないのでしょう。ちらちら物見をしたり、尻っぱねをしたりというしぐさの一つ一つに意味がある。馬が何らかのメッセージを出しているということです。

返し馬に入ったところで放馬したり、制御不能で暴走したりすることがありますよね。馬は自分の背中に乗っているジョッキーが、自分より上なのか下なのか見極めることがある。暴走するのはジョッキーを舐めているともいえます。しっかり折り合いがつく馬は「このジョッキーには従わなくてはいけない！」と思っています。

リーディング上位の常連ジョッキーは馬を御する技術に長けていますが、単にうまい下手だけではなく、相性の良し悪しということもあります。それほど結果を出していなかったジョッキーが、それまで不振だった素質馬を従わせ「走るスイッチ」を押したりすることがあるのも競馬です。

ただし調教師になってしみじみ思うのは、自分の厩舎の馬を見て「ああ、いい返し馬をしているなあ」と確信しても、なかなか結果にはつながらないものだなということです。

厩舎から出される「変化」のサイン

2歳新馬戦の最初はほとんど芝で、しばらくするとダートのレースも組まれるようになります。

3歳クラシックや古馬になってからのGⅠの多くが芝コースで行なわれることもありますが、オーナーも〝親心〟としては愛馬を芝で走らせてやりたい。血統的にダートがよさそうでも、連勝したりすると「もしかしたら芝も」と思ってしまうものです。ダートレースの賞金も徐々に高くなってきていますが、日本の競馬文化の中では、できれば芝を使いたいという思いがある。

アメリカなんかでは、ダートから芝にいっているケースが多いし、強いけれど脚元がまだ弱い時はダートから入る馬もいる。エルコンドルパサーもデビュー戦はダートでしたが、やはり一般的に「強い馬」は芝でのレースをメインに考えていきます。

だから、芝を何回か使って勝ちきれない時にダートを走らせてみるかどうかを考える。そんな時調教師は「走法がダートに向いている」とか「ダートを使ってみたかった」と言ったりしますが、つまりは芝で結果が出ていないというのが大きい。勝ちきれない競馬が続いているのなら、何か新しいことを試して活路を見出さなければいけない。

もちろんダートを使っても勝てないことはある。それで「やはりダートは向いていなかった」と言うと何をやっているんだと言われるかもしれないけれど、やってダメなら納得もいきます。ずっと芝を走らせて未勝利で終わった馬を地方のダートで走らせると連勝するかもしれない。でも、そうなってからでは遅いので早い時期に試したい。厩舎はその馬に走ってもらってなんとか稼ごうと考えての決断。相手関係などがあるかもしれないけれど、普通に考えたら「ダート替わりは狙い目」ですよ。

馬は相手との関係性に敏感です。前述したように、人間相手でもそうなんだけど、弱いと思う馬には「オレ強いんだぞ」と誇示したくなる。逆に周囲の馬が強いと小さくなっています。降級制度があった時みたいに下のクラスに行くと、また「オレが一番だ」って言い方を変えれば自信を取り戻すというのでしょうか。自信を持つというのは馬にとっては大事です（人間もですが）。

そのためにはダート替わりに限らず、結果が出ない時は何かを変えて自信をつけさせなければいけない。調教を変えたりした時は分からないかもしれないけれど、馬の意識を競走に集中させるためにブリンカーを装着したりするのは、ちゃんと出走表に明記されている。その他距離を縮めてみたり、右回りばかり走っていた馬をわざわざ左回りの競馬場で走らせたりすることがある。これらはある意味、「（馬をよくするために）変えましたよ」という厩舎からのサインです。

僕が点ではなく線で見た方がいいと思うのは、そういうことでもあります。馬装具は他にもいろいろありますが、あれ、前回は何も着けていなかったのに……といった変化を見逃さないようにすることが大事なのかもしれません。

基礎負担重量「たかが1㌔されど1㌔」

熱心に馬券検討をするファンならば、出馬表を見て2023年からの競馬が少し変わったことにお気づきでしょう。

出走表で騎手名の横に書いてあるのが、騎手の体重と勝負服や鞍などの合計重量。「負担重量」というぐらいで、馬が負けた時、調教師が「58㌔は厳しかった」とその原因にあげたりするので、軽い方がレースで有利なことは間違いありません。

騎手にとって体重の管理はもっとも大事なこと。競馬学校に入学した日から体重を量るのが日課です。競馬に乗る時に馬が背負う重量はだいたい50㌔台ですが、それに適する体重を維持しなければ騎手として失格だし、騎乗依頼も減ります。若手騎手は、特典としてさらに軽い斤量が許されているので、それに合わせた調整が必要です。伸び盛りのアスリートではありながら、体力をつけるためにモリモリ食べることは許されません。節制をしていても体が成長してしまうことはあり、そのため挫折した騎手もいます。

そんなこともあって「騎手の健康と福祉、および将来にわたる優秀な騎手の人材確保の観点から」――平たく言えば、過度の減量によって騎手が健康を損なうことを防ぐために、JRAがレースに乗る時の基礎負担重量を1キロ引き上げました。合わせて、ハンデ戦も重くなっています。

人間の体が時代と共に大きくなっているのに、競馬に乗る時の斤量がずっと昔のままでいいのだろうかという議論が世界的にあって、いくつかの国で改定されてきたのですが、日本もそれに従ったというわけです。

これは騎手の健康という観点からの措置ですが、馬にとってはどうなのかという議論もありました。レースでのスピードは変わらないのに、背負う重さが増えれば負担になって故障しやすくなるのではないかという意見があるのは当然のことですよね。パワーやスタミナを競うイメージが強いヨーロッパではいいかもしれないけれど、スピードが重視されている日本競馬ではどうなのか……。「たかが1キロぐらい」と思われるかもしれませんが、ハンデ戦などは0・5キロ単位で馬の力量を調整します。なにより「58キロ」と聞くと、ちょっと重いな、というイメージがあります。

もっとも斤量と故障に因果関係があるとは言い切れません。脚元のケアなどの技術は昔よりは向上しており、全体的に見ても故障は少なくなっています。負担重量の増加は日本馬が外国でさらに結果を出すためには必要なことなのでしょう。一ホースマンとしては、この措置が馬にとってマイナスにならないことを願うばかりです。

馬の頑張りを応援してほしい夏競馬

ここ数年の夏の暑さは尋常じゃありません。そんな中、文句も言わずに全力で走ってファンを楽しませてくれる馬ってえらいと思いませんか？

夏競馬になるとジョッキーは活動の拠点を決めます。函館や札幌で騎乗しようというなら、日々の調教もあるので、そちらに滞在するようになります。こういう中で、普段あまり交流がない関西の騎手や調教師と知り合いになることもあります。

僕の場合はその年その年で違っていました。やはりこの時期は新馬のデビューがあるので、早くから騎乗依頼を受けたり、あるいは乗りたいと思っている馬の出走予定に合わせたりすることもありました。

近年暑くなったとはいえ、北海道は本州に比べればやっぱり涼しいから馬も人も楽だと思います。とくに湿度が低いというのが馬にはいい。湿度が高いと、汗をかいて体のバランスが崩れやすくなります。

函館競馬場と札幌競馬場は洋芝といって、本州の競馬場で使われる野芝に比べると、寒さに強く保水性が高い。その代わり耐久性がないといわれますが、いまは開催期間が以前より短くなったからいいのでしょう。

札幌競馬場はかつてダートしかなくて、僕が若手ジョッキー時代に芝コースができました。その当時は芝が本当に深くて柔らかく、走っていても蹄の音がしませんでした。走破時計も野芝にくらべると遅くなるので、そういう馬場が得意な馬が好結果を出すことがあるわけです。研究が進み、今ではだいぶ高速化してきましたが、それでもこのコースが合う馬は、やはり芝の深い欧州でもいいのではないかなどと言われたりしますね。

新潟競馬場は磐越道ができたことで美浦から行くのは便利になりましたが、僕が若い頃は滞在競馬でした。夏はとにかく暑いのですが、海が近いから風が入って朝晩は割と涼しいんです。馬主さんが来てくれたりすると、日曜の夜なんかは市内に出て一緒にご飯を食べたりしていました。

夏競馬のもう一場は小倉ですが、関東馬が出向くことは夏場の輸送を考えると馬の負担が大きい。僕自身、小倉は重賞の騎乗依頼があって乗りに行くというイメージですね。長かったジョッキー生活の中でも夏の小倉に出かけて行ったのは4回だけですが、強い馬の依頼をいただいて、1日4勝したこともありました。

ところで夏競馬は「牝馬が強い」と言われますよね。統計を見てみると、確かに牝馬の勝率がいいようですが、これは女は夏が強いというよりも、牡馬の方の体調が落ちてくるからでしょう。牝馬は我慢して走ってしまうけれど、牡馬はやる気をなくしてしまうことがある。人間と同じかもしれませんね（笑）。

それから芦毛が強いという説もありますが、これは根拠がないらしいです。確かに黒鹿毛は熱を吸収しそうではありますが、騎乗すれば芦毛だってけっこう熱くなっているのが分かります。

「夏の2歳重賞」は来春への大事な通過点

夏競馬も終盤になると、6月以降にデビューした2歳馬による芝の重賞、2歳ステークスが行なわれます。距離もコースもバラエティに富んでおり、早々と勝ち上がって前途洋々のエリートたちの出世争いのようにも思えます。

しかしエリートたちの目標はここではなく、あくまでも翌年春のクラシック。牡馬では皐月賞とダービー、牝馬では桜花賞とオークスです。大舞台で持てる力を発揮できるよう、逆算してレースを選んでいくという考え方です。いくつかのレースを使っていく過程で、たとえば長い距離の方がよさそうだったらオークスやダービーに照準を定めるし、牡馬で2000mは長いなと思えば、目標をNHKマイルカップに変更したりします。

ここ数年は猛暑ということもあるので、2歳重賞に出走させるかどうかは慎重な判断が必要なところではないでしょうか。スピードは非凡でも若い馬はやはり体力がつききっていません。人間も幼い頃はしょっちゅう熱を出したりお腹をこわしたりするけれど、小学校高学年ぐらいから寝込まなくなったりするでしょう。成長するにしたがって跳ね返すだけの体力ができてくるのは馬も同じなのかもしれませんね。

もちろん暑さにもめげずに元気いっぱいならば、2歳重賞のタイトルを獲りにいくという選択肢もあるけれど、やはり翌年春に向けての賞金加算の面が大きいと思います。

かつてこの時期の2歳戦は短い距離ばかりでしたが、徐々にクラシックを頂点とする競走体系が整備されてきました。

札幌は1997年から1800mになり、4年目にジャングルポケットが勝って翌年のダービー馬に。近年ではソダシやジオグリフがクラシックホースになっています。

新潟は2002年から1600mになってクラシックへつながり始めました。僕はこのレースで2回勝たせてもらっています。とくに07年のエフティマイアは師匠である矢野進先生の管理馬で勝てたので特別な思いがあります。矢野厩舎の馬で重賞を勝つのは僕にとって12年ぶりのことでしたし、矢野先生にとっては久々の重賞勝ち。しかも翌年勇退されたので、最後の重賞勝ちでした。この馬は桜花賞、オークスどちらも2着に頑張ってくれました。

13年は翌年の皐月賞馬イスラボニータに騎乗して2着でした。この時の勝ち馬が翌年の桜花賞馬ハープスター。1、2着馬がクラシック第一弾の覇者でした。

小倉は1200mのままですが、賞金を加算しておくと、牝馬ならば桜花賞へ向けてのローテーションが楽になるという考え方があったのかもしれません。

夏の2歳重賞は陣営がどんな思惑を持って挑むのかを考えると、より楽しくなるかもしれません。

厩舎コメントにこめられた管理馬への思い

みなさんそれぞれに予想スタイルがあるのでしょうが、調教師やスタッフから発信されるコメントが重要だと考えている方は多いと思います。もっとも身近で見ているからこそ聞き逃せないと考えるのかもしれません。

しかし、僕らが話すのは自分の厩舎で管理している馬についてのことだけです。「調教の動きはいい」「距離、コースとも得意です」「楽しみにしています」など、あくまでも日々自分と向かい合ってきた管理馬のこと。

自厩舎の馬がレースで力を出せる状態であることこそが大事で、闘う相手のことにはほとんど言及しないですからね。野球では相手のエースの攻略法を考えたり、大物ルーキーのピッチングを研究するためにスコアラーを派遣したりしますが、競馬では同じレースに出走する馬の偵察などはしません。

スタートに難がある、馬混みを嫌がるといった、レースに行っての弱点を感じたら、コメントを出す前に、まず修正していかなければなりません。それが勝負を左右してしまうので、気をつけています。

そもそも調教師というのは自分の管理馬のことを悪く言いたくないものです。僕も「能力がない」と決めつけるのではなく、その馬のよいところを探して、それを大事に伸ばせるように調教メニューを考え、その馬が勝てるようなレースを選び、仕上げていかなければならないと考えています。

だからコメントには微妙な言い回しが多いのでしょうね。折り合いがつきにくい、前に前に行きたがる馬のことを「気がいい」なんて言ったりする。走ることに対して前向きなのは、悪いことではないと考えます。スピードがやや物足りないと感じても「時計のかかる馬場が合っている」、なかなか調子が上がってこない時は「良化の余地がある」――その馬の将来に期待した言い方をするのです。いい言い方でしょ？　だから、僕自身も調教師として「良化の余地」がいっぱいあると思ってください（笑）。

調教師にとっては高い馬を買い、高い維持費を払って預けていただいている馬主さんが大切な存在です。重賞レースともなれば、華やかな中にも緊張感あふれるパドックで愛馬への期待を膨らませるでしょう。そこでレースに向けて夢を抱いてもらう状況をつくるのも僕らの仕事。だからおとなしい印象でも「元気がない」などと言うのではなく、「とても落ち着いていています」。もちろん、結果を出せるような状態にもっていっているつもりです。それはファンに対するコメントでも同じことなのです。

嘘を言うことはありません。競馬初心者の方でも分かるような言い方を心がけています。陣営のコメントをどう読み解いていくのか、というゲームだと思ってはいかがでしょうか。いつもは控えめな物言いの調教師の口調がかなり前向きだとか、明るいキャラクターで知られるジョッキーが強い決意を秘めているようだとか。競馬記者はそういった陣営の気配を、長い経験から自分なりに解釈して予想に反映させているのだと思います。

GⅠ前のテレビのインタビューなどでは、最後に「ファンのみなさんにメッセージを」と聞かれ、決まったように「応援よろしくお願いします」と言います。〝応援〟とは馬券を買っていただくこと。その責任を背負って、勝つために最善の努力をしますという決意表明です。

華麗な競走馬も「なくて七癖」

初めて騎乗する時、ジョッキーがその馬の「クセ（癖）」を知っておくのは大事なこと。現役時代、それまで乗っていた馬に他のジョッキーが乗ることになった時にどんな馬か訊かれることがありましたが、主にレースの時に出てくる「（一般的にはあまりよくない）クセ」を伝えていました。

ゲートの中で暴れるとか、ハナに立つとふっと力を抜いてしまうとか、直線で内にもたれるとか、日常的に持っている「個性」といってもいいかもしれない。馬も日によって体調がいい時と悪い時があるけれど、クセというのはどんな時でも出てしまうものです。

あまり多くのことを伝えて先入観を与えるのはよくないけれど、クセは伝えた方がいいし、教えてくれた方がいい。調教師になってからも、初めて乗る騎手には、クセは伝えた方がいい意味でもクセは伝えるようにしています。リーディング上位のベテランになると、事故を防ぐ意味でもさまざまな「引き出し」を持っているので、そういったクセに対処できるのです。

レースに行って大きなマイナスになるのなら直した方がいいけれど、クセを消してしまうと、その馬が普段はどんな状態なのかが分からなくなってくることもあります。肉体的なこともあれば精神的なこともあるので、それを見極めなければなりません。人間だって、いつも元気でやんちゃな子が静かだと、どうしたのかなって思うでしょう。

ゲートが苦手な馬はずっと暴れているものです。でも、ゲートを出て他の馬と競走することを覚えると、今度はそちらの方に集中するから暴れるのをやめる。馬は一度にいろいろなことはできないのです。入った時にひと暴れして、他の馬が全部ゲートに入ったら落ち着いてスッと出るなんて芸当は無理なのです。ちょっと分かりにくいかもしれませんが、調教ではなかなかゲートで落ち着かせることを覚えさせるのは難しい。レースを何度か重ねていくうちに、ゲートに入ったら出ることに集中することを覚えてほしいものです。

スタートした後も、デビューの頃は幼稚園の運動会みたいにあっち向いたりこっち向いたりしているかもしれない。馬は走るのは嫌いじゃないけれど、レースという競技で一生懸命走るのは好きじゃないから、気ままに行きたいところへ向かったり、どこか逃げるところはないかなと思ったりしている。

でも、ちゃんと走らなければいけないのだと分かってくると、周りを見なくなって、走ることに集中するようになる。そうしていくうちにリラックスしてきてバランスがよくなって、いい走り方になって、少しずつ楽になっていく。力を入れすぎてもダメだし、リラックスしすぎて緊張感をなくしてもダメだとか分かってくると、メンタルも安定してくる。人間だって、徒競走などでスタートする時は緊張するでしょう。それでガチガチになってしまうと動けなくて出遅れたりするじゃないですか。

レースを観ていると、馬は他の馬より速く走ろうと頑張っているし、それがまるで本能であるかのように感じることがあるかもしれません。しかし競走馬はさまざまなクセを持っていながら、勝つために走ることを覚えていくのです。

血統を知るとさらに競馬は楽しくなる

予想ファクターとして血統、特に父親である種牡馬に注目する人も多いことでしょう。

たとえば世界ランク1位のイクイノックスと牝馬三冠リバティアイランドの対決が注目された2023年のジャパンカップ。リバティアイランドのお父さんのドゥラメンテは、両親とも現代日本競馬を代表する名馬の家系。皐月賞とダービーを勝ちましたが、ケガのために4歳で引退。種牡馬として初年度からタイトルホルダー、2年目にスターズオンアース、そして3年目はリバティアイランドだけでなく、ＮＨＫマイルカップのシャンパンカラーや菊花賞のドゥレッツァなど、あらゆるジャンルで活躍馬を輩出し、年間のリーディングサイヤーになりました。ドゥラメンテ自身は産駒が初めてＧⅠを勝つ前の２０２１年の夏に急死。生きていればまだまだいい子を出したと思うので、本当に惜しまれます。

一方イクイノックスのお父さんキタサンブラックは、ドゥラメンテとは同期ですが、皐月賞は3着、ダービーでは14着に負けています。その後ＧⅠを7勝しましたが、３２００ｍの天皇賞（春）連覇や３０００ｍの菊花賞などどちらかといえば長い距離中心だったので、スピード競馬全盛の時代に、種牡馬としてはどうだろうかという見方が多かったようですが、これだけのスピード馬を出しました。個人的に思ったのは、母の父である名スプリンター、サクラバクシンオーの血が流れているからではないかということ。これこそが、血統の神秘ではないでしょうか。そういえばイクイノックスもあれだけの馬でありながら、皐月賞とダービーは2着でしたよね。

血統に親しむ最初の段階としては、まず父親に注目してみてはどうでしょう。とくに現役時代の記憶も新しい新種牡馬がどんな子を出しているかを見るのは楽しいものです。今年でいうならエピファネイアの弟で皐月賞馬のサートゥルナーリア、ダイワメジャー産駒でNHKマイルカップや香港マイルを勝ったアドマイヤマーズなど。また今年は3歳ダート三冠路線がスタートするからか、ダートGⅠ5勝のゴールドドリーム、4勝のルヴァンスレーヴ、さらに芝でもダートでもGⅠを勝った〝二刀流〟のモズアスコット産駒もデビューしますね。

調教師にとっても血統というのは馬を見るための重要な拠り所です。かといって、それに頼りすぎているわけでもない。馬は1頭1頭で違うし、いい体をしていてもその体をちゃんと使えるかどうかだし、心臓だって見えるわけではありません。いろいろなものが揃っていないといけない。

ついこの間まで競馬場で走っていた馬の産駒なので、どうしても父親の走りを期待してしまいそうです。でも現役時代の実績がその子に反映されるとは限らないかもしれません。と言いつつ、やはり血統という概念があってこその競馬です。単に強い馬同士の対決というだけではなく、それぞれの先祖に思いを巡らせてみてはいかがでしょうか。

母系をたどると見えてくる「血統の神秘」

サラブレッドの神秘さをさらに感じさせてくれるのは母系です。母馬は年に1頭しか子供を産むことができません。だから、かつて騎乗したことのある牝馬の子に出会うと、あのお嬢さんもお母さんになって、こんなにいい子を産んだのだなあと、感慨深いものがあるものです。

昨年秋、鹿戸雄一厩舎のルカランフィーストという馬が新馬勝ちを飾ったのですが、このお父さんは僕が騎乗して皐月賞を勝ったイスラボニータ、お母さんはやはり僕が騎乗して特別を2勝したゴージャスランチです。だから冗談で「僕の馬じゃないですか」と言ったら、鹿戸先生もすぐピンときたらしく、「そうだよ、次はマサヨシが乗ってくれ!」なんて言われました(笑)。

ウチの厩舎の馬でも、アスパルディーコのお母さんはアパパネだし、そのお母さんのソルティビッドにも乗せてもらっています。ソルドラードのお母さんのラドラーダにも乗ったことがあるし、お母さんとは縁がなかったけれど、お祖母さんに乗った、ということもあります。ラインポーチュラカという3歳馬など、お母さんにもお祖母さんにも乗っています。

騎手になって3年目にザラストワードという馬の新馬戦に乗りました。その馬の第2子ファストフレンドには18回も乗せてもらって、東京大賞典や帝王賞など重賞を9つも勝たせてもらった。その子のルックアミリオンでも新馬勝ち、そして2020年にはその子メイショウササユリにも乗せてもらった。つまり4代にわたって騎乗しました。

そんな時、ああ、僕も年をとったんだなあと思うわけです（笑）。逆に言えば、いい血統はそれだけ長く伝えられるものなのです。この仕事をしている楽しみの一つです。

血統表では、母、母の母、母の母の母というのは一番下に並んでいます。これをボトムラインといいますが、母親にはピンとこなくても、何代か前に知った名前があることがあります。セリ名簿などでボトムラインを辿るのが好きな長年の競馬ファンも多いのです。

蛯名厩舎に初重賞をもたらしてくれたレッドモンレーヴ（父ロードカナロア）は、藤沢和雄厩舎から引き継いだ馬ですが、母系は日本競馬の歴史をつくった名牝系です。母はラストグルーヴ。この馬名を聞いた時にピンとくるでしょう、オークスや天皇賞（秋）など

GⅠを2勝したエアグルーヴの子供です。エアグルーヴは〝長女〟のアドマイヤグルーヴがエリザベス女王杯を連覇、母であるダイナカールがオークスを勝っている。母系が3代にわたってGⅠを勝つということは、奇跡に近いほどの出来事です。エアグルーヴはルーラーシップ、アドマイヤグルーヴはドゥラメンテなどの優秀な種牡馬も送り出していて、まさに「華麗なる一族」なのです。

いよいよ3歳ダート三冠路線がスタート

中央競馬では重賞レースの施行時期など年ごとに少しずつ変更があり、管理馬の出走に関わってくるので子細にチェックしなければなりません。春先までの番組表と睨めっこして、出走目標（予定ではありません）を立てたりしています。

特に今年は「ダート競馬」がクローズアップされる年になりそうです。3歳ダート三冠路線が新しく確立され、これまで地方競馬の南関東所属馬限定で行なわれていた羽田盃と東京ダービーに、JRAやそのほかの地方所属馬も出走が可能に。これにともなって賞金も増額、東京ダービーは1着1億円になりました。6月の開催なので、これからデビューする馬でも間に合うかもしれません。

これまでJRA3歳春のダート重賞は6月のGⅢユニコーンステークスぐらいで、1着賞金も3700万円。芝のレースにくらべると、ダート馬はスピード感に乏しいなどと一段低く見られがちで、レースへの注目度もいまひとつでした。

しかし世界に目を向けると、ダート競馬はけっして〝脇役〟ではありません。アメリカ最大のスポーツイベントと言われるケンタッキーダービーや、ドバイワールドカップ、1着賞金13億円というサウジカップもダートで行なわれています。同じコンディションを保ちやすく、芝の傷み具合などで枠順による有利不利が少ない、より公平な競馬が好まれているようです。日本からの参戦馬も健闘していることから、国内でのダート路線の整備が望まれていました。これまでは芝でデビューさせたものの、スピードやキレが足りない馬がダート戦に回るという傾向でしたが、最初からダート路線を歩む馬も増えることでしょう。

ここ2年のセリではダート血統の馬も落札価格が高騰しています。僕の厩舎でもこの流れを見込んで、シニスターミニスターやヘニーヒューズ産駒などが多くなってきました。

これを機に、日本ではあらゆるカテゴリーで世界に通用する馬づくりが進んでいくのではないでしょうか。そのうちに芝馬、ダート馬などという区別も意味がなくなり、大谷翔平選手のように「二刀流」として世界に名をとどろかせる馬も出てくるかもしれません。僕もそういう輝きを放つ馬を管理したいと思っています。

ダート向きの馬とは?

ダートで強い馬は体型がごっつい方がいいとか、スピード型よりパワー型だとか、前脚を掻きこむように走るのがいいとか言われていますが、馬を見ただけでは分からない、というのが正直なところです。

厩舎サイドから言えば、さしあたっての拠り所は血統、父親がダート系種牡馬かどうかです。かつてはゴールドアリュールやクロフネなどダートで実績のあった馬が数多くの活躍馬を出しましたし、現在なら前出のヘニーヒューズやシニスターミニスター、マジェスティックウォリアーなどで、これらの産駒を芝でデビューさせることはあまり考えないでしょうね。

リーディングサイアーとなったドゥラメンテや、ロードカナロア、キズナなどもダートでの勝ち馬を多く出していますが、芝ではスピード不足だとかキレがないとか、あるいはワンペースだからというようなことで転向したのだと思います。当たり前のようですが、いい競馬をしたことで「ダートに向いている」という確信が生まれます。

今後ダート路線の注目度が高くなってくると、芝ばかり使っていた馬の産駒がブレイクするなんてこともあるかもしれません。よく「奥が深い血統」といったりするけれど、サラブレッドはそれだけさまざまな可能性を秘めているということなのでしょう。そういった視点で種牡馬を見ていくと、競馬はもっともっと面白くなると思いますよ。

乗ってみれば適性はある程度分かります。芝で使っていた馬をジョッキーの進言でダートに変更することがありますが、それは芝のレースが終わって帰ってくる時に通ったダートコースの走り方がよかったと感じた時などです。馬券を買う側からすれば、ダート替わりしたばかりの馬はマークする必要があるかもしれません。ジョッキーの感性には説得力があると思います。

地面をちゃんと摑まえられているという感じが伝わってくるかどうか。一歩一歩ちゃんとグリップして、ぐっと力が入って前に進んでいると感じられるかどうかを芝で感じられる馬とダートで感じられる馬がいるんです。はっきりした根拠があるわけではないけれど、なんか楽に走っているなあという感覚的なものです。

レース前の返し馬で、続けて乗っているジョッキーは「ダートの方がいい」というのは分かるはずだし、もしかしたら馬もダートの方が走りやすいと思っているかもしれないので、その辺が雰囲気に出てくるかもしれませんよ。馬も人も自信満々に見えるとか……いや、やっぱり分からないかな（笑）。

芝が得意なジョッキーとダートを得意とするジョッキーは違うかもしれません。僕自身、得意不得意というのはなく、どちらも同じぐらいの成績だったと思いますが、好きか嫌いかと言われると嫌い（笑）。前を走っている馬が蹴り上げる砂（キックバック）が顔にかかると、とにかく痛いのなんのって、砂だけならいいけれど、重馬場では塊が飛んでくることがあります。レース後に顔を腫らしてフラフラになったこともありますよ。

砂をかぶるのを嫌がることがあるのは馬も珍しくありません。彼らは「痛い」とは言えませんが、馬場や距離、脚質によって闘い方はさまざまです。その辺はジョッキーの腕の見せ所かもしれません。

自分の流儀があると競馬は長く楽しめる

本書を読んでいただいている競馬ファンの中には、私がジョッキーになる前から馬券を買っているという方もいるでしょう。そういうベテランのファンは競馬を「趣味」と割り切っていらっしゃると思います。競馬の何が楽しいかと訊かれて、「お金が儲かること」と答える人は少ないと思います。いや、儲からないという意味ではなく（笑）、娯楽としての楽しみ方をご存じなのではないかと思うのです。

たとえば、この馬のお父さんでよく儲けさせてもらったとか、この馬のお母さんが現役の頃、自分はまだまだ新入社員で怒られながら仕事をしていたけど、そのひたむきな走りに励まされたとか、ダービーの日に子供が生まれたとか……。自分の人生とリンクさせて競馬を楽しんでいらっしゃる方も多いのではないでしょうか。ああ、バブルガムフェローの天皇賞（秋）、馬券とって彼女にプレゼントしたんだよ、とか。そういう話は、僕らが聞いていても楽しいものです。

競馬は各自がどう予想しようと自由。自分なりの予想流儀があると楽しいですよね。馬やジョッキーの過去のデータ比較、競馬場でパドックや返し馬をじっくり見ることや血統からの判断、お気に入りの新聞や記者の印、あるいは馬や騎手の占いやバイオリズム、さらに名前がかわいい、顔がかわいいといったものでもいいのです。どれが間違いということはない、当たればそれが正しいのです。

競馬好きの仲間と帰りに一杯飲みながら競馬談義をするのは楽しいはずです。大穴を当てたら大いばりで自分の予想法を披露すればいい。さらに気持ちよく酔うことができます。自分の予想と結果が違ったら？　そういう時は、仲間内の席に限りますけれどジョッキーや調教師のせいにしていい。「俺の言っている通りに乗っていたら勝っていた」でいい。「なんでハナを切らないのか」「あそこで内に突っ込んだら前が詰まるでしょう！」……。

それは馬券を買って競馬に参加しているファンの特権です。そのうちに「こうしときゃよかった」「点数多くなると思ったからやめたんだよ〜」というような自己批判になる。それは僕の好きな競艇でも同じ。位置取りが悪かったりすると「何やってんだよ」とか思いますけど、自分が予想して買ったんだからしょうがない。ネットなどに書きこんで、ジヨッキーなどを誹謗・中傷することはギャンブラーとして恥ずかしいことだと思います。

僕らは「博打」の対象になる仕事をしているということを自覚しています。だから（いろいろ事情があったにせよ）自分の馬が人気になっていながら負けた時、ファンから「金返せ！」とかヤジられるのはしょうがない。そりゃあカチンと来ますけど（笑）、馬券を買っている人には許されることだと思っています。

自分がらみの馬券を買っていたということは、お金を賭けて応援してくれていると受け止めています。それは調教師になっても同じ。だからみなさん、馬券を買ってください。

もちろんエビショー厩舎の馬券だけじゃなくてもいいです。

第6章

日本のＧⅠレース

フェブラリーステークス　その年のダート戦線を占う

この章では、日本のＧＩそれぞれのレースが持つ意味や見どころ、そして僕の経験から「そのレースを勝てるのはどういう馬なのか」を考えてみたいと思います。やはりＧＩレースにかける思いは、ホースマンならば特別です。

僕はＧＩには３５０回近く騎乗しているのですが、１番人気だったのはアパパネの三冠を含めても20回ありません。２番人気も15回だけで、６番人気以下が２００回を超えています。重賞は１２９勝ですが、そのうち１番人気で勝ったのは40回ぐらいです（もちろん１番人気に推されながら勝てなかったこともあります。その節はスミマセンでした）。

人気馬だけではなく、もしかしたらチャンスがあるかなと思う馬の依頼も多かったということでしょうか。競り勝つ競馬をするタイプだったことが要因なのかもしれません。

まずは２月の東京最終日に行なわれる、フェブラリーステークス（１６００ｍ）。月の英語名がついたレースは毎月ありますが、ＧＩはこのレースだけ。かつてはフェブラリーハンデというＧⅢ、その後ＧⅡになり、１９９７年からＧＩになりました。99年には岩手のメイセイオペラが地方馬として唯一中央のGⅠを勝ったレースです。

いきなりですみませんが、実は僕、JRAのダートGⅠを一つも勝っていません。地方交流戦では帝王賞や東京大賞典を勝たせてもらっているのに、中央では未勝利。キックバックがあるのでけっして好きではないけれど、苦手というわけではなかった。GⅢ時代ですが、僕にとって初めて重賞を勝った記念すべきレースでもありますしね。

ダート重賞に関して言えば、この時期は前述のサウジカップがあります。さらに3月にはドバイワールドカップがあるため、日本のトップクラスのダート馬が、すべてここで顔を合わせるというわけではありません。それでも、ここでの勝ち馬は、その年のダート戦線の主流の一頭になることは間違いありません。

高松宮記念　1分あまりで決着がつく「電撃の6ハロン戦」

中京競馬場の1200m、わずか1分6、7秒で決着がつくので「電撃の6ハロン戦」なんていいますね（ハロンというのはイギリスで使用されている距離単位で1ハロンは200mです）。そんなレースなのでスタートから道中の位置取りまで、少しでもうまくいかないことがあるともう勝てないと思われがちですが、競馬はそんなに単純なものでもありません。

まずスタート時は何が起こるか分からない。急に立ち上がったり、体重が後ろにかかった時にゲートが開くこともよくあります。ところが本当に速い馬というのは、スタートで遅れても二の足が速いので巻き返せるため、しっかり思った通りのポジションをとることができる。やや後ろの位置取りになったとしても、先行馬が止まって、後ろから折り合って流れに乗っていった馬が直線でゴボウ抜きにすることもある。２００１年にトロットスターが勝った時も、スタートでは微妙に出遅れているし、向こう正面では後ろから5番目、直線に入った時は前に8頭の集団がいましたが、大外に出すことができて差し切りました。いかに自分のペースでレースを進めていけるかです。

日本ではずっと２０００m以上の距離の競馬が中心でした。しかしスピード競馬が重視されるようになってスプリント路線の充実も図られるようになり、１９９０年にスプリンターズステークスが、96年に高松宮記念がＧＩになりました。ちなみに、昔「高松宮杯」というレースがあった頃をご存じの方は、かなり年季の入った競馬ファンです。

あくまで私感ですが日本でスプリンターが存在感を持つようになったのは、サクラバクシンオーの存在が大きかったと思います。21戦して11勝ですが、GⅠ2勝を含む7勝が1200m、4勝が1400mです。ところが1600mのマイル戦は7戦して2着まで。1歳下にノースフライトという強いマイラーがいて、1400mでは勝っているのに1600mでは完敗。名前の通り、本当にバクシンする馬だったんですね。

93年のスプリンターズステークスで、僕はマイルチャンピオンシップで3着だったドージマムテキに騎乗、最後の直線で先頭に立って勝てるぞと思った瞬間、外から来たバクシンオーにあっさりかわされた記憶があります。速かったなあ。

大阪杯　春の中距離王決定戦

かつて古馬による春のGⅠは3200mの天皇賞（春）の他、6月の1600m安田記念、2200m宝塚記念しかなかったのですが、中距離適性馬が国内で出走できるレースがより必要とのことから、2017年にGⅡからGⅠになりました。春の中距離王決定戦といったところでしょうか。

それまでは天皇賞（春）の前哨戦といった位置づけで、スーパークリークやトウカイテイオー、メジロマックイーンやエアグルーヴなどの実績馬がここから始動しました。「大阪杯」というだけあって、関西のレースという印象でした。実際00年以降は、ずっと関西馬が勝っていますす。僕はGⅡ時代に6回出させてもらっていますが、3回は関西馬での出走でした。

僕がジョッキーになった1980年代は、まだ関東と関西の区別がはっきりしていて、全国発売される馬券も限られていましたし、たとえば2歳（当時は3歳）チャンピオンを決めるレースは東西別々でした。雑誌の『競馬ブック』なんかも関東版と関西版が別々に出ていましたね。

かつては関東馬が圧倒的に優勢、ダービーは83年から90年までずっと関東馬が勝っていたし、83年ミスターシービー、84年シンボリルドルフと2年連続して誕生した三冠馬も関東馬。メジロラモーヌが牝馬三冠を達成した86年も、関西馬でGⅠを勝ったのは菊花賞だけでした。

関東で行なわれる重賞レースに関西馬が遠征して来たりすると、「西からの刺客」なんて言われていました（笑）。今では関西馬の参戦は当たり前のことですが、当時はレアケースだったし、わざわざ来るということで、何か不気味な雰囲気があったのかもしれません。

僕は関東所属でしたが、何とか関東に追いつけ追い越せという関西陣営の意気込みは感じていました。90年代に入った頃から関西馬の強さが目立ってきましたが、僕がそれを実感したのは94年、開業されたばかりの森秀行先生から騎乗依頼をいただいた時です。追いきりで初めて栗東トレーニング・センターの坂路効果を体感。すごい施設ができたな、関東馬はのんびり構えていてはヤバい、美浦にも同じものをつくってもらわないと大変だと思いました。

関西では武豊騎手の存在が大きかった。もちろん技術は素晴らしいですが、関西のホースマンすべてが応援し、新しいスターをつくってお客さんを競馬場に呼ぼうという空気がありました。武騎手以外でも若い騎手を育てていこうという気運を感じました。かくいう僕も、大した実績もない頃から、関西の厩舎から数多くの騎乗依頼をいただき、通算で重賞を31勝もさせていただいています。

近年は関西の名物レースでも関東馬が頑張っており、このレースにも有力馬が参戦するようになりました。今の時代、東も西もないかもしれませんが、関東の調教師の一人として、「西高東低」なんて言われないように頑張りたいです。

桜花賞　3歳牝馬にとって最高の晴れ舞台

大阪杯が終わるといよいよ3歳クラシック。同じ年に生まれた7500頭ほどのサラブレッドのうちゲートインできるのは、牡牝それぞれ18頭だけです。

桜花賞は阪神競馬場の1600mで行なわれます。牡馬の目標はあくまでダービーですが、牝馬は2400mのオークスより、マイルのスピードが試されるこのレースで勝つことの方が、価値があるとされています。

ところが阪神競馬場で行なわれていることもあって、出走馬も勝ち馬も圧倒的に関西馬が多く、僕がデビューしてからは関東馬はしばらく勝てませんでした。

僕が初めて乗ったのはデビューして10年目、和田正道厩舎のプロモーションで7着でした。その後は2004年に2着に入ったアズマサンダースまで4回も関西馬に乗っていました。

10年に牝馬三冠を達成したアパパネに初めて乗ったのは2歳7月の福島。この時は3着で、もうちょっと全体的にパワーアップしてほしいと話しました。厩舎の方でも一息入れたらいいんじゃないかと思っていたようで、夏は放牧に出されました。

10月に戻ってきた時は、未勝利戦で強い勝ち方をしてもう別馬でした。三冠獲れるぞ、とまではいかなかったけれど、次の500万(1勝クラス)では、もっと強くなっていて、もしかしたらこの馬相当強いなと思うようになった。阪神ジュベナイルフィリーズを勝った時は、もう順調に行ったら桜花賞勝てるな、と。

三冠を獲って、ヴィクトリアマイルも勝っているけれど、トライアルや前哨戦では負けています。それは、目一杯仕上げてレースに出ると全力で走り切ってしまうから。国枝栄厩舎では本番がピークになるように仕上げていきました。

牝馬の場合、やはり早い時期に活躍した牝馬が集まった2歳GI阪神ジュベナイルフィリーズに出走して上位に来た馬が強いと考えるのが妥当ではないでしょうか。完成度も高いし、距離もコースも同じなので桜花賞に直結しやすいと思います。2010年のアパパネでは、2歳チャンピオンになった時点で桜花賞への手応えを掴みました。

皐月賞　いちばん「速い馬」が勝つレース

皐月賞は中山競馬場の2000mで行なわれていることもあって、第2章でふれたように僕はかなり早い時期から乗せてもらって、1991年には2着になっています。

その後惜しい競馬はありましたが、初めて勝ったのは2014年。重賞を2勝していたイスラボニータで初めて皐月賞を勝たせてもらいましたが、相手はトゥザワールドやワンアンドオンリーなど、オープン特別や重賞を勝っていながらトライアルでもしっかり連対を確保しているような馬ばかり、まさに皐月賞で「激突」した感じでした。

イスラボニータはフジキセキ産駒でデビュー戦から乗りました。乗った瞬間の印象は強烈で「ああ、これは走るな！」。5月21日と遅生まれなんですが、その世代の新馬戦の最初の週、2歳の6月2日にデビュー、スタートで出遅れたのに楽勝でした。栗田博憲先生も「これは走る」と言うので、いったん休養して新潟2歳ステークスを使って2着。その後はマイルを使っていくと距離の限界が来るのではということで、1800mのレースを使いました。

敏感な馬で、もともとはマイラーっぽい感じだったから、いかに道中脚をタメられるかを考えました。栗田先生と調教助手と僕とでいつも話し合いながらつくって、皐月賞を勝つことができました。

桜花賞や皐月賞は、有力馬を管理する側から言えば、出走できる馬のボーダーラインを見極めなければなりません。近年、早い時期に重賞を勝つなどして春のクラシックに出られそうだとなると、じっくり充電して本番まで使わない傾向が強いかもしれません。その結果、トライアルでは実績のない馬が優先出走権を獲得。オープン勝ちや重賞2着があるだけでは、出られなくなってしまったということも考えられます。出走馬の収得賞金が高いと、全体のレベルが高いように見えますが、実は重賞やオープンレースの勝ち馬が分散したということも考えられますね。

牡馬の場合は、皐月賞ではなくダービーを目標にする馬もいるし、2400mが長いと思えばＮＨＫマイルカップもある。今は早い時期から海外へ出ていく馬もいるし、今年からはダート路線も加わりました。そこに至るローテーションもさまざまで、これが王道というものはありません。どのレースを使ったからとか、どの距離でデビューしたからとかいうことではないのが近年の傾向です。

天皇賞（春）　長距離と2度の坂越えがポイント

このレースは相性がよく、２００２年にマンハッタンカフェ、13年と14年にフェノーメノで勝たせてもらいました。17回騎乗してうち11回は掲示板に載っています。長い距離は考えて乗れるので、どちらかといえば短距離よりも好きでした。現役でも長い距離の方が好きだというジョッキーは多いですよね。

思い出すのは１９９５年、ステージチャンプに騎乗し、逃げるライスシャワーを「ゴール前でとらえた！」と思い、実はハナ差で負けていたのにガッツポーズをしてしまったこと。この翌年秋にバブルガムフェローで初めてＧＩを勝つのですが、藤沢和雄先生からは「去年の春にもうＧＩを勝っていると思っていた」といじられました（笑）。

天皇賞（春）には京都競馬場の所在地にちなんだ「淀の３２００ｍ」という言い方が似合います。改修された23年以降も〝名物〟の坂はそのまま。他はほとんど平坦なのに３コーナーだけ高低差4・3mの小高い丘があるようなコースです。観客席から見ても、その起伏ははっきりと分かるはずです。

人間だって坂があると、どうやって上ってどうやって下れば楽か、スタミナをいかに残せるかが大事になります。急に加速したり、逆に止まったりすると消耗するでしょう。とにかくこの坂をいかに消耗しないようにクリアするかを考えます。

長い距離を走る時はとにかくリズムが第一です。一定のリズムで走るのが一番、スタミナを温存するためには、スピードの波をつくらないことが肝要だと思います。

改修前は坂を下りたところでギュッと曲がるため、滑る馬もいて危ない感じでした。きっちり最短距離を回るのは難しいので、直線の入り口でコースの内ラチ沿いがパッと開いて、器用な馬はそこを抜けてくることもありました。新しくなったコースでは、このコーナーがゆるやかになったとのこと。馬によっては下り坂で勢いをつけることができるかもしれない。坂を下りてからの直線は平坦だから、前が止まらないことが多いですね。

いまや長距離もスピード重視で上がり3ハロンで33秒台が出てしまうこともあるので瞬発力も求められますし、全体の時計も速くなりました。いずれにせよ、ここの攻防が見どころだと思います。

ファンの方は京都競馬場外回りのレースVTRをじっくり見直してみてはいかがでしょうか。差し馬がどういうコースを通るのか、どのコースを通った馬が上位に来るのか統計をとってみるのも面白いかもしれませんね。

NHKマイルカップ　3歳馬限定のマイル戦

NHKマイルカップは、外国産馬も出られる3歳GIレースも必要ではないかということで1996年に創設されました。この時期は円高の関係もあって、強い外国産馬が海外のセリで数多く日本人に落札されて輸入されました。外国産馬が勝つと「外車のエンジン」は違うぞ、という風潮でした。

僕の実感では、とにかく仕上がりが早いということ。子供の頃からの「教育」がいいのだろうと思いました。セリに出てくる馬は、生産者とは別にボディコンディションを整えたり、しっかりとした立ち居振る舞いができたりするように教育するコンサイナーに預けられているので、いい時計が出るし、お行儀もいい。引いていても暴れるということがなかったですね。血統がどうのこうというよりも、とにかくしっかり教育されている馬が入ってきましたね。だから早い時期からレースに使えるのです。

このレースの第6回までの勝ち馬はすべて外国産馬でした。僕も第1回から乗っていますが、思い出すのは第3回ですね。この年も出走馬17頭のうち13頭が外国産馬で、僕もトキオパーフェクトという馬にデビューから乗せてもらっていました。当時3歳限定の1200mGⅢだったクリスタルカップまで4連勝。このレースでも2番人気に支持されたんです。

僕は92年に初めて重賞を勝ったものの、なかなかGⅠには手が届きませんでした。トキオパーフェクトもこの馬ならと思わせるものはあったのですが、そこに立ちはだかったのがやはり4連勝中だったエルコンドルパサー。この時点では、後にコンビを組むなんて考えてもいませんでした。

トキオパーフェクトは、この後も1200mの重賞を勝っているので、スプリンターだったということだと思います。距離が持つかどうかは、走ってみないと分からないところがありますね。

このレースからダービーへコマを進めたキングカメハメハやディープスカイのような馬もいましたが、近年は早くからマイルに照準を合わせた馬が主流になってきました。

ヴィクトリアマイル　当代一流の古馬牝馬が揃う

ヴィクトリアマイルは2006年に創設された春の古馬牝馬女王決定戦で、僕は11年にアパパネで勝たせてもらいましたが、ここでは人気薄で2着に来たレースについてお話しします。僕らは馬券を買えないので人気はあまり意識していませんが、穴党にとっては、馬券のヒントになるかもしれません。

まずはホエールキャプチャが12番人気で2着に入った13年のレース。この馬は前年の覇者で古馬牝馬の頂点に立ちましたが、その後調子を崩し、鼻出血などもあって5戦続けて二桁着順に甘んじていました。

僕はその4戦目から手綱をとることになりました。新人当時からお世話になっていた田中清隆厩舎の馬なので、2歳時から稽古には乗っており、気性的に難しいところがあったけれど、力があるのは分かっていました。不調の原因も取り除いて、徐々に復活の兆しがありました。

前哨戦の阪神牝馬ステークスは14着でしたが、内容がよく、悲観するほどではなかった。このレースの前年の女王だし、3歳時にクイーンカップも勝っているので、直線の長い東京競馬場のマイルならいけるのではないかという手応えがありました。

ヴィルシーナとの壮絶な叩き合いでしたが結果はハナ差負け、その時の悔しさは今でも覚えています。

牝馬は一度調子を落とすと、元に戻るのに時間がかかることがありますが、素質自体が消えてしまうことはありません。馬の力を信じ、スタッフの地道な努力で立て直した結果だと思います。近走の成績を着順だけで見ないことも頭に入れておくといいかもしれません。

17年に11番人気で2着になったデンコウアンジュは、3歳時三冠すべてに出走していたので力はあるのですが、追い込み一辺倒の脚質で、前が止まらないと着順的にはどうしてもムラがあるように見えてしまう。オークスでは9着ながらコンマ4秒差。やはり9着だった秋華賞でもコンマ7秒差でした。

僕は前哨戦の阪神牝馬ステークスで初めて乗ったのですが、立ち居振る舞いがかわいくてバタバタ暴れることがなく、とてもいい子でした。2歳時の東京マイル重賞では、その後マイルGIを2勝するメジャーエンブレムを破っており、東京の長い直線は得意なはずで、展開さえハマれば行けるかもしれないなと思っていました。

自分の型を持っているというのは強みだし、ジョッキーはその持ち味を活かすことを考えればいい。レースではスタート直後に不利がありましたが、うまく流れてくれたので後ろから上がっていくことができました。勝ち馬からは少し離されましたが3頭が同タイムだった2着争いに競り勝ち、複勝は1580円、馬連は4万2710円でした。

オークス　3歳牝馬にとって過酷な2400m

オークスは桜花賞から一気に800mも距離が長くなることから、「長距離適性」が問われることがあります。でもこの時期、2400mが得意だと言い切れる3歳牝馬はいないと思います。過去のデータを見ても強いのは早い時期からトップクラスで走っていた桜花賞組。当代一流のジョッキーたちが、素質ある馬といかに折り合いをつけてこの距離を乗り切るかが見どころの一つです。

僕はオークスで2勝していますが最初に勝ったのは１９９９年のウメノファイバーです。30歳になったばかりで、まだＧＩは２つ勝っただけでしたが、前年初めて１００勝したこともあって騎乗依頼も多くなってきていました。

ウメノファイバーは鞍上の指示通りに一生懸命走ってくれるとても乗りやすい馬でしたが、けっして２４００ｍが得意な馬ではありませんでした。なにしろデビュー戦が１２００ｍで初勝利は１０００ｍ。僕が乗って初の重賞勝ちとなった京王杯３歳ステークスは１４００ｍ。しかし年明けにＧⅢクイーンカップ（１６００ｍ）を勝ったように東京コースが得意でした。だからオークスではどういう競馬をやったら東京の２４００ｍでマイラーを勝たせられるかを考えました。

もう騎手をやめたから言えるのですが、このレースでの蛯名正義騎手はうまかった（笑）。とにかく前半の８００ｍは極力力を使わないでリズムよくじっくり走らせた。馬に負担をかけないよう余計な動きをしない。周りの馬のことは意識せず彼女との呼吸を合わせることに専念。ゲートを出た後も感覚的にちょっと前過ぎるかなと思って一列下げようとしたらスムーズに応じてくれたように、意思疎通が図れたんです。直線に入るまでずっと彼女を「走りたい走りたい」という気にさせておくことができたと思います。

ところで２４００ｍを勝つためのローテーションがあるのかどうか。まだキャリアも浅く、若くて集中力がない時に、長い距離を走らせようと思うとどうしても他の馬を見てしまいますよね。あっち行ったりこっち行ったりしちゃう。でもウメノファイバーのように１０００ｍとか１２００ｍで走ることを覚えさせるということも大事なのかもしれません。そこから徐々に距離を延ばしていけばいいという考え方もあります。

日本ダービー　すべてのホースマンの夢舞台

この翌週から2歳新馬戦が始まることでも分かるように、競馬界はダービーに始まってダービーで終わるようにレース番組がつくられています。

僕はこの夢舞台に25回も騎乗させてもらいましたが、ついに勝つことはできませんでした。皐月賞馬で挑んだことは3回、凱旋門賞で2着になったナカヤマフェスタなど古馬になってからGⅠをとらせてもらった馬で参戦したこともあります。2着と3着が2回、4

着3回、5着が2回あって、あと一歩のところでしたが、その一歩が遠かった。

2002年は皐月賞を勝ったノーリーズンの依頼をいただきましたがタニノギムレットがいました。04年はデビュー戦から騎乗し青葉賞で2着に2馬身半差をつけて勝ったサンデーサイレンス産駒のハイアーゲームで挑みましたが3着。この時は1着がキングカメハメハで2着がハーツクライ。いずれも引退後、種牡馬として一時代を築いた2頭の名馬に負けてしまった。

もっとも悔しかったのは12年、青葉賞を勝って参戦したフェノーメノはディープブリランテのハナ差2着でした。5番人気だったけれど僕は勝つつもりで臨み、最後は捉えたかに思えたぐらいでした。馬は最高の仕上がりだったし、レースもこれ以上望めないぐらいの理想的な流れでしたが、すべてが完璧でも勝てないのがダービーです。結果がすべて、勝った馬が強いということです。

ダービー馬には種牡馬としての期待がかかります。前述のタニノギムレットはウオッカ、キングカメハメハはドゥラメンテとレイデオロ、そしてディープインパクトは三冠馬コントレイルなど7頭ものダービー馬の父となっています。2着のハーツクライはワンアンドオンリーとドウデュースの父だし、オルフェーヴル、ドゥラメンテなどもGI馬を送りだしており、種牡馬になるためのレースともいえるので、そんな視点から見るのもいいかもしれません。

馬主さんや騎手・調教師だけでなく、生産・育成に携わったすべての人々の思いがこめられている。それがダービーというレース。いまや外国産馬も出走できるようになりましたが、同じ年に生を受けたサラブレッドの頂点に立つ馬はたった1頭だけです。

安田記念　年々重要度が増す東京競馬場のマイル戦

東京競馬場の1600mで行なわれる安田記念は、かつて「春の短距離王決定戦」と言われていました。3歳時にクラシック戦線で活躍したような実績馬は天皇賞（春）や宝塚記念などを目指し、マイル戦は短距離馬限定で、力関係もはっきりしている印象だったと思います。

しかしここ10年ほどで、日本の競馬は大きく変わってきました。スピード化に伴って、この安田記念こそが重要ではないかと思われるほどです。マイラーだけではなく、スプリント路線から参戦してくるケースもあれば、中距離を主戦場にしていた馬も参戦してくるようになりました。

このレースが重要視されるのは距離的なことだけではなく、東京競馬場で行なわれるということです。1周2083・1m、直線は長さが525・9mで、幅も最大で41m、日本が世界に誇る競馬場です。コーナーのカーブもゆるやかでごちゃつくことがなく、馬の力が存分に発揮できます。アップダウンもあるのでスピード一辺倒で押し切ることはできない。いわゆる負けた時の〝言い訳ができない〟コースなのです。万全の態勢で臨まなければ勝つことはできません。牡馬ならばここで結果を出せば種牡馬としての価値がぐっと上がるのではないでしょうか。

ジョッキー時代は毎年のようにいい馬に騎乗させていただき、1999年にエアジハードで勝たせてもらいました。馬の状態が上がってきた時に依頼をいただき、レースでもすべてがうまくいった感じでした。

ジョッキーの立場からいえば、東京競馬場のレースでは馬の邪魔をしないのがテーマです。馬のリズムに任せてスーッと流れるようにいきたい。説明するのが難しいのですが、あたかも乗っていないかのように、馬に負担を感じさせないこと。うまく乗ったかどうかは終わってから感じることで、とにかく自分の重さを馬に伝えないよう気を使いました。

宝塚記念　GⅠ常連馬以外にもチャンスがある春のグランプリ

上半期GⅠシリーズの最終戦、ファン投票で出走馬が決まる〝春のグランプリ〟だけあって、歴代の勝ち馬は錚々たる顔ぶれです。しかし一方で、2007年のウオッカ（8着）や15年のゴールドシップ（15着）、17年のキタサンブラック（9着）、22年のエフフォーリア（6着）など、人気馬が意外な負け方をしているレースでもあります。

かくいう僕も、実績十分の馬の騎乗依頼を何度かいただきながら、なかなか勝てないレースでした。このレース最後の騎乗となった16年に牝馬マリアライトで初めて勝たせてもらいましたが、この時の2着はドゥラメンテ、3着がキタサンブラックと今をときめくリーディング上位種牡馬で、もちろん現役時代の実績は抜群。マリアライトが実力的に抜けているとは言えませんでしたが、状態もずっとよかったし、なにより春はGⅡを2戦しただけで余力がありました。8番人気でしたが、ちょっと湿った馬場も味方してくれて展開もドンピシャ、全部が噛み合ったようです。僕にとっては最後のGⅠ勝利でした。

オープンのトップクラスにいるような馬は、この春どこかでGⅠを使っているはずです。日本だけでなくドバイや香港に適距離のレースがあり、そこを目標に一度仕上げ、強い勝ち方をしていることもあるでしょう。一方、最初から春シーズンの最後に控える宝塚記念が目標という馬は少ないので、どうしても目に見えない疲れが残ったり、体調のピークを過ぎていたりすることがあるかもしれないのです。

春のクラシック戦線をにぎわせた3歳馬が出走できるように時期を6月後半にずらしたため、暑さも本格的になっているし、雨も多くなってくる。北海道シリーズが始まって、人も馬もなかなか動きづらいこともあります。GⅠだからジョッキーは優先して乗りに行きますが、僕も土曜日福島で乗っていて、飛行機で行くなんてこともありましたね。

さらに阪神の内回り2200mというのはトリッキーなコース設定です。直線までじっくり構えるというわけにはいかなくて、ジョッキーにしてみれば、できるだけ内にいなきゃいけない、もうちょっと前に位置しなければいけないと、ずっと急かされている感じがしてしまう。

そんなことでＧＩ常連馬ばかりではなく、ＧⅡやＧⅢを闘ってきて、さらに状態が上がってきたような馬にもチャンスが出てくるかもしれません。

有馬記念は実績馬の引退レースになることが多いですが、宝塚記念の場合は、ここをきっかけにしてさらにステップアップしていくこともあります。そんなイメージで見ていくのもいいかもしれません。

スプリンターズステークス　１２００ｍのスペシャリスト決定戦

９月になって競馬が北海道や新潟、小倉から中山と阪神に戻って秋華賞や菊花賞のトライアルが始まり、最終日のスプリンターズステークスを迎える頃になると、いよいよだな、という気分になります。翌週からは東京・京都開催がスタート、２週目の秋華賞から暮れのホープフルステークスまで続くＧＩシリーズの開幕を告げるレースです。ちなみにこの日はフランスで凱旋門賞もあるので、ファンは夜も楽しめるのではないでしょうか。

１分そこそこであっという間に勝負が決まる「電撃の６ハロン戦」。昨年は１、２着が同タイム、最下位まで１・５秒差しかない激戦でした。夏の間に函館や札幌、小倉などで行なわれた1200mの重賞で頭角を現わしてきた馬と、3月の中京競馬場で行なわれた高松宮記念の上位馬によるレースとなります。

スプリンターズステークスは僕が騎手になった頃はまだGⅡで3月に行なわれており、1988年には自厩舎のダイナアクトレスが的場均先生の騎乗で勝っています。彼女は1800mの毎日王冠を勝っているし、2400mのオークスや2000mの天皇賞（秋）でも好走しているようにスプリンターとはいえなかったのかもしれません。

その後徐々にさまざまな路線が整備され、スプリンターズステークスがGⅠになり、古馬牝馬やダートのGⅠも創設された。そういった路線の確立によって適性が明らかになり、日本馬が世界でも伍して闘えるようになったのだと思います。

僕は2001年にトロットスターで3月の高松宮記念と9月のこのレースを勝っています。しかし6月の安田記念では14着、11月のマイルチャンピオンシップでは12着。どちらも人気でしたが距離が延びると結果を出せなかった。それなりの時計で走ってはいるので、1600mを得意とする強い馬が他にいた。つまり彼自身はマイラーではなくスプリンターだったということなのでしょう。お母さんは藤沢和雄厩舎にいたカルメンシータという馬で、やはり勝ち星は１２００ｍまで、１４００ｍは2着まで、１６００ｍになると掲示板にも載らない馬でした。

ほとんどの馬がデビュー前に大目標とするのはクラシック。デビュー戦で１２００ｍを使って勝ったら、距離を少しずつでも延ばしていきたいと考えたいところですよね。2歳時や3歳の早い時期にスプリンターだと決めつけると使うレースが限られてしまう。血統や気性などから多少の判断はできますが、やはり何戦か使ってみないと分からない。試行錯誤の上でスプリント路線を歩むのではないでしょうか。

スピード化がどんどん進む時代、このレースからも次代を担う種牡馬が出てくるかもしれません。

秋華賞　オークス組と秋の上がり馬が激突

秋競馬本番を告げるレースで、翌週から暮れまでほぼ毎週ＧⅠレースが行なわれる。毎年どれか一つは勝ちたいと思って、ジョッキーはギアが一段上がる時期でもあります。

まずは3歳牝馬による秋華賞。96年に創設された比較的新しいレースで、京都競馬場の内回りで行なわれます。

秋華賞といえば、2010年に僕がずっと騎乗していたアパパネが勝って3歳牝馬三冠を達成したレース。僕自身はもちろん勝ちたいと思っていましたが、周りは勝つだろうという雰囲気になっていました。

プレッシャーはありましたが、牡馬の三冠の方がしんどいと思います（経験したことはないけれど）。2000mの皐月賞、2400mダービー、そして秋に3000mの菊花賞となっていて、未知の距離への挑戦になりますからね。

牝馬の場合は1600mの桜花賞の後に2400mのオークスを走れるかどうかがカギ。同特にアパパネは繊細で気性が難しかったので、オークスに向けての調整が大変でした。同着とはいえ克服できたことで、2000mの秋華賞は距離の心配がいらなかった。しかもアパパネは「無敗の三冠」ではなく、新馬戦でもトライアルのローズステークスでも負けている。いかにして秋華賞にピークを持って行くように仕上げるかをスタッフみんなで考えて調整されました。

3歳春にクラシック戦線で闘った馬は、夏を越えるとさらに成長します。「放牧」とか

「休養」とかいっても、けがをしていなければ毎日軽い騎乗運動ぐらいはします。彼女の場合は精神的に強くなって、輸送にも慣れてきました。もちろん体も大きくなっていて、オークスの時から20キロ増えていました。

　この後、古馬牝馬と激突するＧＩエリザベス女王杯やジャパンカップなども控えているため、強い牝馬はオークスから直行してくるケースが多くなりました。18年以降の6年のうち5回はオークスからの直行組が勝っています。

菊花賞　秋に本格化した3歳馬が「淀の3000m」に挑む

　かつては皐月賞を勝つのは速い馬、ダービーを勝つのが運のいい馬と言われていたのに対し、３０００ｍという長距離の菊花賞を勝つのは「強い馬」とされていました。しかし、スピード重視の傾向が強くなるにつれ、スタミナ型の馬が活躍できる場が少なくなっています。僕がジョッキーになる前は、秋の天皇賞も３２００ｍだったんですよ。

　これは世界的な傾向で、三冠最後に位置づけられる長距離のレースより、ヨーロッパでいえば凱旋門賞やチャンピオンステークスに向かう馬が多くなっているし、３歳馬だけではなく古馬に開放される国も増えてきました。種牡馬としてもスタミナよりスピードが要求されています。そういう流れに合わせるのか、それとも伝統を守っていくのかは意見が分かれるところですね。今まで築いてきた「三冠」という権威を変えるというのはけっこう大変なことですから。

僕はこのレースを小島太厩舎のマンハッタンカフェで勝たせてもらっています。彼が勝ったのは他に2500mの有馬記念、3200mの天皇賞（春）ということで、ステイヤーかと思われるかもしれませんが、2000mでもいい成績を残すことができたと思います。ただ、3歳春は輸送するとすぐに体重が減ってしまう馬だった。弥生賞がマイナス20キロで4着。その次阪神に行ったらマイナス16キロ。この時は11着でした。

それで春を全部休ませて北海道に放牧に出し、その後札幌に滞在して競馬をさせた。4か月ぶりに札幌で走った時はプラス46キロ（笑）。でも、全然太い感じはしませんでした。2連勝して秋を迎え、折り合いに心配がないということで、じゃあ菊花賞へ行きましょう、と。輸送さえ克服していれば、春のクラシックもいいところまでいっていたと思います。

それでも、小島太先生は秋には絶対よくなるからと言って休ませました。使えばそこそこの成績を残せるかもしれないけれど、勇気を持って休ませることも大事なのだということを教わりました。

3歳馬限定の秋のGIをなくしてしまうと、そういう芽もつぶしてしまうことになる。生産牧場にしてもそれぞれ得意分野があるわけで、それが全部短い方向にシフトしてしまうのもどうなのかな、とも思います。いずれにしろ方向性はJRAが決めることです。

天皇賞（秋）　世代間対決が楽しみな府中の2000m

レース名がレース名だけに僕たちよりずっと上の世代にとっては特別なレースで、何としてでも勝ちたいという方が多かった。今の1着賞金は2億2000万円で、ジャパンカップや有馬記念の5億円には及ばないけれど、表彰式では馬主さんに菊の御紋が入った「天皇盾」が手渡されます。

春の天皇賞を「春の盾」、秋の天皇賞を「秋の盾」と呼んだり、天皇賞を14回も勝った武豊騎手を「平成の盾男」なんて言ったりします。競馬で「盾」といえば天皇賞のことです。

「盾」は天皇陛下からの賜りものですから、馬主さんは白い手袋をして受け取らなければなりません。表彰式で受け取ったものの、馬主さんは盾を手元に置いておけるわけではなく、次の天皇賞まで競馬場の金庫に保管されるそうです。それでも馬主さんにとってはとても名誉なこと。天皇賞は春秋合わせて4回勝っていますが、僕が触らせていただくなんてとんでもないことです。

そんな重みのあるレースであると同時に、直線の長い東京競馬場の2000mで行なわれるということで、その重要度は高まるばかりです。道中一息入れられるほどペースが緩むことがなく、逃げ切れるほど甘くはないし、あまり後ろから行っては届かない。スピードは絶対条件ですが、アップダウンのあるコースなのでタフさも要求されます。それでいてコースは広く、直線が長いのでごまかしがきかない。ある意味、とてもフェアなレースです。

前述しましたが、僕は1996年、3歳馬(当時)バブルガムフェローに騎乗して初めてGⅠを勝ちました。2002年には、やはり藤沢厩舎のシンボリクリスエスが3歳でこのレースを勝ち、21年のエフフォーリアがシンボリクリスエス以来の3歳馬での勝利でした。

関東で行なわれることもあって、このレースには23回も騎乗させてもらっています。ジョッキー時代には考えたこともなかったけれど、数々の名馬の走りを間近で見てきたことになります。スタート前の輪乗りの時など、強い馬からはオーラが出ているのを感じました。

そんな歴史あるレースですが、問題視されるのが1コーナー奥からのスタートなので、2コーナーまでの距離が短いこと。どうしても外枠を引くと不利。僕自身厳しかったなあという実感があったので数えてみたら、半数以上の12回が7枠と8枠でした。ただし枠順も抽選で決まるので、不公平とは言えません。枠順がよくても出遅れる馬はいるし、脚質によっては、必ずしも内枠にこだわらない馬もいます。割り当てられた枠順に対する陣営のコメントに注目してみてはいかがでしょうか。

JBC　アメリカのブリーダーズカップが模範

11月第1週、JRAのGIはお休みですが、地方交流のJBC（ジャパン・ブリーディング・ファームズ・カップ）が行なわれます。アメリカのブリーダーズカップは2歳戦から古馬まで、芝・ダートのさまざまな距離のGⅠを行なうアメリカ競馬の祭典で、当初は生産者（ブリーダー）が賞金を負担していました。

JBCではレディースクラシック、スプリント、クラシックと1日にダートGⅠが3レース行なわれます。開催は原則として地方競馬場の持ち回り。地方競馬は一時売上不振でバタバタと廃止になり、その後も不祥事などで存続の危機に立たされましたが、ここへきてネット販売が軌道に乗って上向いてきています。ネットの力ってすごいですね。

ジョッキー時代、地方交流レースにはよく出かけていきました。最初は1992年4月、大井競馬場の帝王賞。2月にフェブラリーハンデで初めて重賞を勝たせてもらったラシアンゴールドで参戦しました。結果は横山典弘騎手のナリタハヤブサと1着同着。賞金はフェブラリーハンデよりよかったですよ。

その後もファストフレンドとは船橋、川崎、大井といった南関東だけでなく、盛岡、名古屋、笠松にも行きました。ノボジャックには、南関東だけでなく北海道、盛岡、笠松、名古屋、高知から今はなくなってしまった宇都宮や高崎までいろいろな競馬場に連れて行ってもらいました。

お手馬と遠征するだけではなく、ジョッキーの交流レースで出かけて行って、地元の馬に乗ったこともあります。こういう交流があると、お互い刺激し合ってジョッキー全体の技術が上がっていきます。

ほとんどの競馬場に行ったと思いますが、なかでも素晴らしかったのは盛岡競馬場です。普通の地方競馬場は1週1200mぐらいのところが多いのですが、ここはダート1600mのレースがコーナー2回のワンターンでできるほど広い。地方競馬場唯一の芝コースもありますが、それがダートコースの内側で、まるでアメリカの競馬場みたいなんです。みなさんも、ぜひ各地の競馬場にも足を運んで、地方競馬ならではの雰囲気を楽しんでみてください。

エリザベス女王杯　牝馬の最高到達点

牝馬の秋は、やはりエリザベス女王杯。

かつて3歳（旧4歳）牝馬限定で、古馬牝馬のGIというのはありませんでした。それが牝馬路線も充実させようということで、1996年に3歳牝馬限定の秋華賞ができてこのレースが古馬に開放されたのです。

僕は2015年に4歳馬マリアライトで勝たせてもらっています。

僕が初めて彼女に騎乗したのは14年6月末、宝塚記念当日の東京3歳以上500万下（現1勝クラス）芝1800m。春のクラシックシーズンが終わってからのことです。

この時は勝ったのですが、クラスが上がるとなかなか勝ち切れなくなった。それで長くいい脚を使うタイプだから、久保田貴士先生やスタッフとも相談して、4歳の春から少し長い距離を使うようにしたんです。

最初はうるさくて大変でした。敏感で引っ掛かるので、それをどう落ち着けようかと。馬の性格は、持っている能力も含めていろいろですから、上にあがっていくにはどうしたらいいかというのを考えます。

それには乗ってみてどう感じたかという第一印象、「こいつ、なんなんだ！」って楽しくなるようなインスピレーションを信じます。それで落ち着かせるにはこうしたらいいんじゃないか、それがダメなら別のことをとやっていく。この馬は絶対よくなると信じて根気強くアプローチし続けられるかどうかですね。

そうしているうちに体がぐっとよくなってきた。そういう調教をしているからよくなったのか、その距離に適性があったのか、ガクッと疲れなくなって、食べているものが身になっていくという感じ。そういうのが同時にタイミングよく来るのか分からないんですけど、とにかくよくなった。で、中山の２５００ｍ、東京の２４００ｍを連勝してオープン入り、秋にこのレースを勝つことができました。

さらに春と秋に一つずつ、短距離と中距離それぞれのジャンルで古馬牝馬同士のＧＩを確立していってくれると、いい目標になります。たとえば春にダートＧＩ、秋にマイル以下の短いところというのがあれば、選択肢が広がります。そのうえで、より自信があれば牡馬とのレースに行けばいいと思うのです。

牝馬が２勝も３勝もするっていうのは大変なことなんです。ここに出て来られるような牝馬は、引退後繁殖にあがっていい子を産むという大事な仕事があります。このレースを連覇しているアドマイヤグルーヴはドゥラメンテを産んだし、フサイチパンドラはアーモンドアイの母です。アパパネは秋華賞馬アカイトリノムスメを産みましたし、前述・マリアライトの子オーソクレースも菊花賞で2着になりました。出走馬の母系に注目してみると楽しいのではないかと思います。

マイルチャンピオンシップ　持ちタイムより馬場状態がカギ

マイル戦に限らず、レースでの走破時計がどんどん速くなってきています。最近では2400mのジャパンカップでアーモンドアイが出した2分20秒6（2018年）、テイエムスパーダの1200m1分5秒8（22年）、マスクトディーヴァの1800m1分43秒0、そして23年天皇賞（秋）でイクイノックスが出した1分55秒2などが世間を驚かせました。

マイル戦ではとくに時計が話題になることが多く、19年のGⅢ京王杯オータムハンデでトロワゼトワルが1分30秒3で走りましたが、それなら、GⅠだと1分30秒を切るのではないかと思われる方もいるかもしれません。

京王杯オータムハンデが行なわれたのは9月の中山第1週。芝が生えそろっていて、〝キンキンになっている〟ので、気持ちよく走ることができれば速い時計が出るのです。

一時、日本の競馬は時計が速すぎて、故障が心配だといわれたこともありましたが、馬場のつくり方や維持管理もいろいろな意味でよくなっているし、使い方や調教とかケアのノウハウが進歩してきています。昔の競馬の画像を見ると秋から冬にかけての競馬場の芝は黄色く枯れていますよね。いまは一年中緑ですよね。

ただし、競馬は陸上競技のように走破時計を競うレースではありませんし、コンスタントに同じ時計で走れるということでもない。そもそも騎手は勝とうと思ってはいても、速い時計を出そうとは考えていない。レースで乗っていても、これはレコードタイムが出るかもしれないなどとは分からないものなのです。感じるのは馬がとても楽に走っているなということ。逃げている馬を追走する時も苦労しないから、これでイーブンペースなんだ、追えばもっと速くなるな、という手応えはあります。

とはいえ、レコードタイムを持っていてもGⅠを勝っていない馬はたくさんいます。23年から負担重量も重くなったので、マイルの走破時計もこのあたりが限界だと思います。

マイルチャンピオンシップの時期の京都は、2開催目でだいぶ使ってきているから少し時計がかかります。僕はこのレース、02年にトウカイポイントで勝っています。この馬はあのトウカイテイオーの産駒ですが、気性に問題があるということで、5歳の夏に去勢されました。

僕はマイルチャンピオンの前走の富士ステークスで初めて乗ったんですけど、下手くそに乗って直線ドン詰まって全然追えなかった。ほとんど競馬になっていなかったので、マイルチャンピオンシップでは絶対に巻き返すぞと思っていました。この後は香港マイルにも挑戦、3着に頑張ってくれました。トウカイテイオーとタイプは違うようでしたが、とても乗り心地のいい馬でした。

ジャパンカップ　いまや日本一は世界一

東京競馬場の1年最後のレースです。ディープインパクトが勝った2006年以降は強い外国馬が来なくなりました。日本馬が強くなったこともありますが、やはり日本の速い馬場への適性が求められるようになったことが大きい。

いくら賞金がよくても勝たなくてはもらえないわけで、その自信と裏付けがないと来づらいかもしれませんね。3着でも1億3000万円ですが、勝とうと思って勝てないこともあるのが競馬。3着でもいいと思っていたら、もっと着順が下がってしまうんじゃないでしょうか。

海外は競馬の賞金が安いから、牡も牝もいかに種牡馬・繁殖牝馬としての価値を上げるかが最優先です。いいところなく負けたりすると、それだけ産駒の価格にも影響します。

もう一つの理由は、選択するレースが少ないことかもしれません。あくまでも私感ですが、アメリカのブリーダーズカップや香港カップの日にはさまざまなジャンルのレースがありますす。目指すレースがいくつかあれば、何頭か連れてきて一緒に調教できるけれど、1頭で来て1頭で調教するのは大変ですよね。

ところで、僕は1981年に行なわれた第1回のジャパンカップを東京競馬場で見ています。まだ札幌在住の中学1年生でしたが、ちょうど祖父の甥にあたる信広さん（元騎手・元調教師）の結婚式があって両親と一緒に東京へ行った時のことです。

競馬雑誌を学校に持って行くような競馬オタクだったし、当時はもう騎手を目指して乗馬クラブに通っていましたが、東京競馬場に行ったのはこれが初めてでした。外国の馬なんて見たことがなかったけれど、親父は「イチかバチかだ」なんて言いながら1―8を買って当てていました（笑）。

レース後はただただ呆然。天皇賞（秋）の1、2、3着馬が、大きく離された5、6、7着。それほど有名でもないアメリカの牝馬がレコードで勝つし、4着までが外国の馬。しばらく日本馬は勝てないのではないかと思いました。第4回はカツラギエースの大逃げがハマり、第5回は三冠馬シンボリルドルフが勝ちましたが、世界との差はまだまだあるような印象でした。

ただ、僕がこのレースに乗せてもらえるようになった90年代半ば頃には、外国馬へのコンプレックスが少しずつなくなってきていました。勝つ馬は海外で実績を残した馬というより、日本の競馬が向いている馬だと思えるようになっていました。アメリカで2回も年度代表馬になったジョンヘンリーや、アーバンシー、モンジューといった凱旋門賞馬も来たけれど勝てなかった。逆に95年に勝ったランドは、日本に短期免許で来ていたマイケル・ロバーツ騎手が「日本の馬場に合う」と進言して連れてきたと言われていますね。

僕は98年にエルコンドルパサーで勝たせてもらいました。それまで1800mまでしか走ったことがなかったこともあって、スペシャルウィーク、エアグルーヴに次ぐ3番人気でしたが、4コーナーを回ったところで勝ったと思いました。3歳の日本馬がジャパンカップを勝ったのはこれが初めてでした。

チャンピオンズカップ　ダート中距離王決定戦

もともとはジャパンカップの前日に行なわれる「ジャパンカップダート」として2000年に創設されました。土日続けてGⅠレースがあるというのはいいなあと思ったけれど、ダートで強い外国馬はやはり11月上旬にアメリカで行なわれるブリーダーズカップに行きますね。

さらに東京の2100mで行なわれた第2回でクロフネが2分5秒9というとてつもないタイムで2着を7馬身も離して勝った。彼は前哨戦の武蔵野ステークスもマイルを1分33秒3で走っている。これらの記録は今も破られていないぐらいで、日本にはとんでもなく強い馬がいると尻込みして来なくなったのでしょう。

ダート重賞は関西馬が圧倒的に強かった。このレースも関東馬は4勝だけで関西馬が18勝。東京競馬場で行なわれるGⅠフェブラリーステークスにしても、1997年にGⅠになってから関東馬は6勝しかしていません。どうしてそうなったのか分かりませんが、僕も関西の厩舎からの依頼で騎乗したことが多かった。

基本イメージとして、芝がよさそうな血統なのにダートでデビューとなると、「あまり走らない馬」だと思われてしまいます。中央の馬主さんもかつては4歳2月のフェブラリーステークスを勝つための馬を買ったりしませんでした。

しかし、いまはダートに適性があると判断すれば「東京ダービーを目指す」という選択肢ができました。これからこのチャンピオンズカップはダートを主戦場とする古馬と三冠レースを闘ってきた3歳馬の激突によって、盛り上がっていくことでしょう。

阪神ジュベナイルフィリーズ　クラシックの主役になる2歳牝馬女王

桜花賞への道が見えるかどうかというレースです。早い時期にデビューして勝ち上がり、競馬場（阪神）も距離（1600m）も同じこのレースで手応えを摑めば、それが桜花賞に直結する可能性が高い。とはいえ、関西で行なわれるレースという印象が強く、デビューしてしばらくは、あまり縁がありませんでした。

だから09年にアパパネでこのレースを勝った時、これでようやく桜花賞を勝てるチャンスが来たな、と。それからは本当にやりがいのある日々でした。厩舎スタッフと一丸になって「なんとかそこに持って行こう」という共通意識がありました。

14年には二ノ宮厩舎のショウナンアデラでも勝たせてもらいました。ディープインパクト産駒で、関東馬としてはアパパネ以来の勝利でした。ちょっと出遅れて直線でも詰まってしまったけれど、カニみたいに横歩きしながら進路を見つけ、空いてからはビューッと伸びてギュンッと前の馬を摑まえた感じでしたね。レベルの違う勝ち方でしたが、脚元が弱くて3歳時は1回も走ることができませんでした。無事だったら桜花賞でもいい競馬をしたのではないでしょうか。

このGⅠは1勝馬でも抽選で出走できることがありますが、そのつもりで調教をしていても除外される可能性があります。悩ましいところですが、1勝馬でも、チャンスがあれば出走させたいと思うところですね。

朝日杯フューチュリティステークス&ホープフルステークス　2歳牡馬の選択に注目

2歳牝馬による阪神ジュベナイルフィリーズは翌年のクラシック第一弾である桜花賞に直結すると書きましたが、牡馬の場合はだいぶ事情が異なる。阪神のマイル戦で行なわれる朝日杯フューチュリティステークス（ＦＳ）は、中山競馬場の２０００ｍで行なわれる皐月賞とはレースの性格が違います。

中山の最終週に２０００ｍで行なわれるホープフルステークスが２０１７年からＧＩになったことで、皐月賞を狙う馬はこちらを使う方がいいのではとなりました。18年のサートゥルナーリア、19年のコントレイルがこのレースから皐月賞に直行して連勝しています。

さらに18年から20年までのＮＨＫマイルカップの覇者がいずれも２歳暮れに朝日杯ＦＳを使っていたことから、二つの路線が確立したように思えるかもしれません。ＪＲＡ賞の「最優秀2歳牡馬」も、このどちらかの勝者が選ばれています。

しかし、翌年春の3歳ＧＩを目指す逸材が、必ずしもこのどちらかのレースに出るわけでもない。かつて朝日杯が中山で行なわれていた時代には、阪神競馬場で行なわれていたラジオたんぱ杯2歳ステークスからクラシックホースが何頭も出ていましたし、近年では暮れの2歳ＧＩをあえて使わず、11月に東京競馬場で行なわれる東京スポーツ杯２歳ステークスや2月の共同通信杯を使った馬が好成績をあげています。

ただ、それはあくまで結果論、それらのレースを使った馬が強いから勝ったのです。ローテーションなんていうのは人間が勝手につくった概念で、どれが〝王道〟だなんていうのは実はないと思います。競馬予想ではたびたびローテーション別の成績がとりあげられたりしますが、それで馬の能力が変わるのなら、調教師は苦労しません（笑）。

22年は前年朝日杯FSを1分33秒5という好タイムで勝ったドウデュースがダービー馬になりました。それだけではなく2着のセリフォスがマイルチャンピオンシップを、3着のダノンスコーピオンがNHKマイルカップを、そして5着のジオグリフが皐月賞を勝っている。強い馬は、どこで走っても強いということを証明したのです。

牡馬クラシックの頂点は皐月賞ではなくダービーです。だから東スポ杯や共同通信杯に出走させるのは、東京競馬場のレースを使っておきたいということなのでしょう。東京の1800mで結果が出れば、中山の2000mだけではなく、東京2400mでも持つと考えられています。そして、ここでビシッと仕上げても、ダービーまでは間があるので、もう一度つくり直すことができるということです。

とはいっても、やはり〝朝日杯〟は歴史あるＧⅠ。馬主さんにしてみれば勝って最優秀2歳牡馬に選ばれて表彰されるのは名誉なこと。出走するだけでもうれしいことだし、そこに１６００ｍとホープフルステークスの２０００ｍという選択肢があることはいいですよね。もちろんファンはＧⅠレースで盛り上がるし、予想にも気合が入るはずです。

有馬記念　競馬初心者でも夢が見られる

世界で一番馬券が売れるレースです。２０２３年の売上は５４５億円、１９９０年代後半には８００億円を超えていました。競馬ファンのみならず、日本人すべてが注目するレース。スポーツ紙は月曜の朝から連日一面で特集します。

馬券ファンにしてみれば、今年はずっと調子が悪かったけれど、「有馬記念を獲れば来年はいい年になるんじゃないか」という根拠のない願望（笑）。当たったら何か欲しいものを買ったり、プレゼントしたり。普段競馬など観ないのに、このレースだけは馬券を買うという人もいる。クリスマスの過ごし方やお年玉にも影響するのでしょう。

ただし、世間の盛り上がりほど、競馬サークル内は騒がしくない。もちろん出走馬がいる厩舎は報道陣の出入りも多くなって、本番が近づくにつれて慌ただしくなっていきますが、出走馬がいなければいつもの週と同じ。ホープフルステークスがGIになった2017年からは有馬記念が終わっても、まだ競馬が行なわれるようになりましたし、新年は1月5日から始まります。「これで最後だ！」とはいかない。

ファン投票によって出走馬が決まるドリームレースですが、すべての活躍馬が出走するわけでもない。エルコンドルパサーは3歳でジャパンカップを勝ったので、このレースに勝つことで何が変わるのか、種牡馬として残さなければならないのに壊したら大変だというのがあった。アパパネにしても、有馬記念というイメージがまったく湧かなかった。一昨年のコントレイルや、昨年のイクイノックスもジャパンカップで引退しました。ファン投票上位の馬がすべて出走するわけではないのです。12月上旬の香港国際競走を使う馬もいます。

なぜなら中山の2500mは合う合わないがはっきりしているんです。実力だけではなく、コース適性が一つのファクターになります。体調がどうだったのかは分かりませんが、古くはメジロマックイーンがダイユウサクに、ディープインパクトやメイショウサムソン、ブエナビスタ、最近ではアーモンドアイも敗れている。

僕はマツリダゴッホで有馬記念を勝たせてもらいました。中山競馬場が大好きで、勝手に加速していきます。オールカマーを3連覇しているように、国枝栄先生も中山に合わせて使っていました。

強い馬は広いコースを走った方が勝つ確率が高いけれど、コーナーを6回も回るこのコースは落とし穴が多い。カーブを上手に回ることができて、ギアをちゃんと入れ替えられる器用な馬じゃないと難しいのです。強い馬を持っている陣営は厩舎スタッフだけじゃなく、ジョッキーや馬主さんも悩ましいと思います。もちろん羨ましい悩みですが。

逆に言えば、だから有馬記念の馬券は売れる。全部強い人気馬が勝っていたら、お客さんがいなくなってしまうかも（笑）。

競馬に携わる人間としては、「当たったら美味しいものを食べよう」というノリで馬券を買ってくださいということ。宝くじ的に考えていただければいいかと思います。どんな人でも楽しめるレースです。

おわりに

競馬学校で3年間苦楽を共にした武豊騎手は、1987年にデビューするなり予想をはるかに超える活躍ぶりで一躍スターとなりました。3年目には早くも全国リーディングに輝き、その後も次々と記録を塗り替えていきました。

僕はといえば、初めてリーディングのベスト10に入ったのは8年目でした。大きく離されたけれど、彼の存在は目標にもなり、98年には武騎手とワン・ツー。2001年にはトップになりましたが、武豊騎手はこの年、フランスを主戦場にしていました。

彼を追いかけていたからこそ、僕はどれだけ勝っても満足することがなく、40代半ばまでジョッキーとして頑張ることができたのだと思います。10年にフランスの凱旋門賞に二人で出走することができたのは、これ以上ない思い出です。

その武豊騎手が、調教師になった僕に【エビちゃんが目指している場所へ　ボクも一緒に！】というメッセージをくれました。調教師としてまず僕が結果を出して、お膳立てをしなければならない立場になったということです。

開業して3年目、淡々と仕事をしている中で、一つでも多く勝ちたいなと思っているし、勝たせられる馬は勝たせたいだけです。でも、馬の調子とレースを選んでこれは勝てるだろうと出走させても、なかなか思うようにはいかないものです。日本を代表するオーナーの方々にいい馬を預けていただいているし、馬券を買ってくれているファンのためにも、もっと勝たなくてはいけないと思っています。

ただし結果というのは一つ勝てばいいということでもない。その馬の人生（馬生？）を考えた時に、そのレースで経験したことが将来の競馬で生きてくることもある。点ではなく線で見ていくと競馬はもっと面白くなります。

この先やって行けそうな手応えを摑むことができるようになったのはオーナー、生産者、スタッフ、そして管理馬を応援してくれたファンの方々のおかげです。

これからも蛯名正義厩舎をしっかり見守っていてください。

２０２４年３月

蛯名正義

初出　「週刊ポスト」連載【「エビショー厩舎」本命配信】を大幅に加筆・修正して再構成しました。

蛯名正義［えびな・まさよし］

1969年3月、北海道生まれ。87年に騎手免許を取得。2001年に133勝をあげてリーディングジョッキーになるなどJRA通算2541勝は歴代5位。うちエアジハードの春秋マイルGⅠ、アパパネの牝馬三冠、フェノーメノの天皇賞（春）連覇などGⅠ26勝を含む重賞129勝。優秀騎手賞10回、フェアプレー賞8回。エルコンドルパサー、ナカヤマフェスタでのぞんだフランスの凱旋門賞2着2回は日本人最高成績。21年に調教師免許取得、騎手を引退して22年3月に厩舎を開業。2年目に初重賞制覇。

文：東田和美
構成：野村美佐枝
編集：新里健太郎

調教師になったトップ・ジョッキー

2500勝騎手がたどりついた「競馬の真実」

二〇二四年　四月六日　初版第一刷発行

著者　蛯名正義
発行人　三井直也
発行所　株式会社小学館
〒一〇一－八〇〇一　東京都千代田区一ツ橋二ノ三ノ一
電話　編集：〇三－三二三〇－五九五一
販売：〇三－五二八一－三五五五

印刷・製本　中央精版印刷株式会社

Printed in Japan ISBN978-4-09-825473-6